布克加
BOOK+

成就作者代表作
让阅读更有价值

超级单兵
不断自我进化的成长法则

朱小兰 著

推 荐

陈嫄

阿里巴巴盒马首席人力资源官（CPO）

　　科技带来的数字时代汹涌而至，人类的很多工作将被人工智能代替，个体如何在这样的挑战下生发新的竞争力，唯有快速"进化"！小兰老师给我们提供了从普通一兵到超级单兵的成长路径。

陈雪萍

合益集团原大中华区总裁、《战略破局》作者

　　小兰老师将企业管理方法论迁移到个人成长上，这是非常新颖有趣的做法。我们的人生与企业经营管理其实有很多相通之处，相信《超级单兵》这本书能够给予读者全新的视角去看待个人的职业发展和人生经营。

李梦涓
强生亚太区创新与研发人力资源副总裁

"超级单兵成长罗盘"是非常实用的个人职场成长工具，能够帮助我们在变幻莫测的大环境中锚定自己的原点，制定并实施个人成长的最佳路径及策略。只有准备好自己，才能拥抱未来。

叶世夫
国际教练联合会（ICF）MCC 大师级教练

这是一本每位职场人士都应该读的书。书中的每个话题都能让我们清晰地看到职场中的自己，引发对自我成长的思考，帮助我们超越环境的局限，逐步建立自己的人生价值体系。书中既有人生感悟的智慧，也有具体的指导方法，不管你是正在职业道路上一路凯歌，还是正处于迷茫阶段，都可以在《超级单兵》这本书里找到前行的力量与方向。读完此书，我们会对自己的人生有重新的思考。

邓斌

《华为成长之路》作者、华为原中国区规划咨询总监

"单位"这个概念可能在不久的将来被放进历史博物馆。个体力量的崛起已经是显而易见的趋势,但如何迎接它呢?小兰老师在《超级单兵》这本书中剖析"超级单兵"修炼的关键要素与步骤,让个人成长有道可循,值得广大职场人士研读。

王雪莉

清华大学经济管理学院人力资源与组织行为系副教授

成为未来领导者的第一步就是"领导自己",《超级单兵》这本书将管理思维和工具方法用到管理自身的人生和成长中,这也是本书的独到之处。

武崇利

联合国可持续发展基金会副秘书长

发展最重要的是人才,希望这本《超级单兵》赋能更多人才挖掘和激发潜力,成为未来的超级单兵,为企业、为社会的可持续发展做出奉献。

郭信平
Unistrong 合众思壮科技董事长

面对加速迭代的组织和日益复杂的商业环境,应该如何保有自身竞争力,向高绩效跃进,释放自己的价值呢?《超级单兵》作者小兰老师为我们呈现的不仅是决战职场的制胜法宝,而且是一种工作信念。浩瀚星空,唯信念永固!

张勇
启高资本创始主管合伙人及董事长、2018 福布斯中国最佳创投人

小兰自己就是典型的"超级单兵",她不仅在自己的专业领域做得很出色,而且善于跨界发展和迭代成长,为成长型企业的赋能做出了不少贡献,她的实践经验和萃取的方法论值得年轻人学习参考。

孙斌
启迪清洁能源集团总裁

我们即便在职业发展的前半场中获得一些小成绩,也依然需要不断成长和迭代,《超级单兵》中的"超级单兵成长罗盘"不仅让我对自己、对未来发展有了新的思考,也能启发我们企业的员工和管理者找到自己的成长之道。

目　录

前　言
雇佣时代的终结，人人都要活成超级单兵　001

　　01　我们早晚都要跳崖　001

　　02　未来已至，组织正在变异　004

　　03　雇佣关系的瓦解　009

　　04　唯有进化，方有未来　011

　　05　超级单兵可以训练出来　013

第一章
超级单兵：未来职场的超级物种　015

　　01　超级单兵前传　017

02 超级单兵是什么　022

　　新追求：从"外在成功"到"内在实现"　026

　　新发展：从"垂直向上"到"个体崛起"　031

　　新能力：从"模块能力"到"集成能力"　037

　　新财富：从"单一收入"到"组合财富"　041

03 超级单兵成长罗盘　048

04 成长罗盘使用指南　054

05 重点笔记　058

第二章
定战略：终点即是原点　061

01 超级单兵的"战略"　064

02 征服迷茫与挑战的力量　067

03 定好战略的四个视角　072

04 定战略的四个关键　077

　　战略选择：向外看，选好外部机会　078

　　战略驱动：向内看，开启内在驱动　085

　　战略路径：向上看，设计发展路径　090

　　战略执行：向下看，掌控年度计划　095

05 重点笔记　101

第三章
练内功：从优势到专业　103

　　01　超级单兵的长矛策略　106

　　02　为什么有专业还会被淘汰　108

　　03　你与专业的距离　111

　　04　专业的四项修炼　115

　　　　修炼一，单点切入：始于优势，终于优势　116

　　　　修炼二，单点击穿：始于现象，终于本质　126

　　　　修炼三，单点环绕：始于客户，终于客户　130

　　　　修炼四，以点带面：始于专业，超越专业　135

　　05　重点笔记　140

第四章
快执行：混沌中小步快跑　143

　　01　"小步快跑"策略　146

　　02　为什么"小步快跑"不简单　150

　　03　混沌中起跑的三个出发点　156

　　04　快执行的四个行动节点　160

　　　　行动节点一：角色认知，厘清担当什么角色职能　161

　　　　行动节点二：创造任务，解决期望与现状的差距　165

　　　　行动节点三：设计路径，与自己和世界头脑风暴　169

　　　　行动节点四：资源支持，提前预售你方案的价值　176

　　05　重点笔记　181

第五章
价值网：超级单兵不是单兵作战　183

　　01　超级单兵的"价值网"　186

　　02　"价值网"的核心价值　191

　　03　拿什么构建"价值网"　195

　　04　从点到网打造"价值网"　202

　　　　点：打造个人品牌　202

　　　　线：打通供需连接　207

　　　　面：构建连接空间　212

　　　　网：高势能价值网　216

　　05　重点笔记　221

第六章
抗风险：以内控战胜脆弱　223

　　01　超级单兵的"风险内控系统"　226

02 为什么我们都如此脆弱　230

03 如何识别80%的潜在风险　234

04 风险管控系统：四种通用策略　246

  控制策略：成本与收益　247

  预备策略：前线与支援　251

  撤退策略：冲锋与撤退　255

  担当策略：损失与补偿　259

05 重点笔记　263

第七章
敢迭代：没有成功只有成长　265

  01 提前布局"第二曲线"　268

  02 为什么自我迭代如此之难　272

  03 迭代之路上的陷阱　278

  04 自我迭代的四步循环　282

    预测：识别第一曲线极限点　283

    破局：寻找第二曲线破局点　287

    增长：单一要素最大化　293

    复盘：让思维持续升维　299

  05 重点笔记　307

结　语
超级单兵是如何炼成的　309

01　见自己，回归内在　311

02　见天地，拥抱环境　312

03　见众生，相信利他　314

前　言

雇佣时代的终结，人人都要活成超级单兵

01　我们早晚都要跳崖

他说："大环境不好，我们部门都被砍掉了，你认识的企业和 HR（人力资源）多，能不能帮我看看有没有什么好机会？"

他，是我的师兄，一名高级程序员。谈不上有多厉害，前些年辗转在大小 IT（信息技术）公司，日子过得还算顺遂。年前的某一天，跟平常一样上班，突然被通知整个部门都要走人，连心理建设的时间都不给。

中午，他的办公系统权限已经被限制，员工卡也被没

收，换成了临时门禁卡。但他不想回家，约我下班后喝一杯。他拿起苦苦的黑啤"咕咚咕咚"一口气灌进去，一言不发地盯着窗外。北京的CBD（中央商务区）晚上10点多了依然灯火通明，却容不下一个似乎没做错什么、认真生活的普通人。

"爸爸，你什么时候回来讲故事呀？"

电话那头女儿稚嫩的声音，终于让一个大男人也绷不住了。他避开我的眼睛，哄了哄小朋友，匆忙和我道别，起身走开。他，不仅是一名程序员，也是一个5岁孩子的爸爸。

我打开微信帮他发简历给一些HR，没想到收到回复："Sorry（对不起），我们也在裁员，今年已经裁掉2000人了。"仅仅一周内，我就听到三家著名的大公司大规模"组织优化"，像我师兄这种高不成低不就的中年人就很尴尬。

我做管理顾问也有十个年头了，在陪跑企业的过程中也曾帮助客户裁过不少员工。一直奉行"以客户目标为己任"的我，在裁员和离职谈话中从未心软过。但就在今天，我仿佛和他一起掉进深渊，从他远去的背影中看到了那些曾经或未来离开组织的职场人的无奈和压力。

这不是某一个他不努力被裁的故事，也不是到了中年才会有的危机。

28岁，别人看来很体面的海归的你，也对自己的未来很迷茫；

　　35 岁，别人看来很拼命的你，其实已经很累，想逃离却又不敢逃；

　　45 岁，别人看来做得还不错的你，早晚还得给年轻人腾位置。

　　大家都很努力，可是你真的以为只要拼命埋头苦干就能安全？

　　你真的以为曾经为公司立下汗马功劳，老板就会永远器重你？

　　你真的觉得每年涨幅不到 8% 的工资条，就能成为未来的保障？

　　2020 年，突如其来的新冠疫情让所有人都踩了急刹车，似乎也印证了那一句"2020 年是过去十年最坏的一年，但也是未来十年最好的一年"。朋友 A 的旅游公司倒闭了，举家搬回老家；朋友 B 好不容易复工了，但也被告知减薪；年前被裁的那位师兄到现在大半年过去了，也没有找到下家，宅在家都快抑郁了。

　　或被动，或主动；或现在，或未来，你我都要面对离开组织的挑战、转型的痛苦，从辉煌走向下坡的无奈，谁都逃不过。如果，你没有做好在下一个路口转向的准备，更没有为下一次危机提前备好坚实的底盘，突然有一天，你会发现自己早已被时代抛弃，推向悬崖，无处可逃。

人生，早晚都要跳崖，那就勇敢面对，早一点儿学会正确的跳崖姿势吧。

02 未来已至，组织正在变异

这是一个前所未有的超级时代，没有一个人能用经验去面对。

人工智能、5G、云计算……随着科技的发展，人与环境的关系、人与人的关系、人与机器的关系都在发生着革命性的变化。那么，我们所处的组织又在经历着怎样的变化呢？

让我们从"组织"的视角，看看其正在发生的三个变化：

第一，这是一个"快跑"时代，需要"敏捷组织"快速应对变化。

仅仅三年时间，拼多多等一大批互联网创业公司就上市；一年内，某淘宝主播快速爆红，年入3000万元、入住上亿元豪宅……我们看到在这个时代，任何产品、企业甚至个人都有可能爆红，但又可能快速陨落。我们意识到在5G时代，不仅网速加快，所有事物的生命周期也前所未有地加快。

据美国《财富》杂志报道，美国中小企业平均寿命不到7年，大企业不足40年。而中国中小企业平均寿命仅不到3年，集团企业7～8年。美国每年倒闭的企业约10万家，中国竟然有100万家，是美国的10倍。

面对竞争，面对变化，未来组织会进化成为"敏捷组织"。

我有一家客户是传统的电梯制造企业。他们的年产量超过韩国加日本的总量，但全集团员工却不到200人。机器手替代工人，人工智能管理系统减掉2/3管理人员，根本不需要庞大组织。企业越来越希望组织能够"瘦身"，特别是面对疫情这种危机时，对于劳动密集型组织而言，人工成本是巨大的成本负担。

从组织的结构上，如今很多新兴行业的组织已不再是稳定的传统金字塔结构，而是在动态变化中，快速组建团队、快速解散团队的敏捷型组织。未来工作也不一定有长期聚集场地，不一定有长期合约，只要有用户需求，就一起串联协同起来满足客户需求。这样就有可能出现一些新的职业、新的工作方式。

新生代员工也不愿意像老一辈那样一家子在一个工厂工作一辈子。我们大多数人在一生中将会经历不同职业、多家企业、新的行业。未来职业发展也未必是同行业直线升职，而有可能是不同职业体验的叠加。

那么问题来了,像陀螺一样惯性自动旋转的你,是否想象过5年后、10年后自己会在做什么样的新工作呢?

第二,这是一个"贬值"时代,需要"创新组织"来不断创造价值。

领英发布的《2019人才流动与薪酬趋势报告》中,2018年全国薪酬增速仅6.4%。我们赚钱的速度赶不上物价上涨和货币贬值的速度。但比这个更可怕的是我们自己本身的价值也正在加速贬值。

我父亲是当年恢复高考后的第一届大学生,毕业回老家就是稀缺人才资源,轻松进入机关,火速升职。而我毕业的时候,大学生已然开始不值钱。2019年,全国大学毕业生达到843万,出国留学人数也超过66万。学成之后选择回国发展的人数也逐年增加,2018年留学归国与出国留学人数占比也已经升到85%。

学历价值、海归价值都在贬值,那就多积累经验?没那么简单!经验价值也在贬值。如今的新媒体营销、抖音运营这些很火爆的课程老师都是"90后"达人。相比多年的资历,可引流、可变现的创意和掌握智能工具的新玩法对于大众而言貌似更有价值。

所以,未来组织必然是"创新组织",所需要的也并非简单执行的员工,而是具有创解力,即用创新的方式解决问题、创造价值的人才。

既然所读的书、工作经验、所赚的钱都在贬值，你身上是否拥有能够让自己保值增值的"优势"，形成自己的护城河吗？

第三，这是一个"无边界"时代，需要"共生组织"构建超链接。

中国爆发新冠疫情让美国的特斯拉和苹果公司推迟新品交付，因为大部分零部件都在中国甚至武汉生产。日本发生地震还能影响到我一个朋友的季度奖金，因为他所在的半导体公司的关键零部件只能从日本几家供应商采购。地震会影响下个月零部件价格，从而影响成品的利润，当然也会影响到他的绩效奖金。

世界如此深度联结，我们的组织和人才竞争也越来越"无边界"。

地域上，市场无边界。一个中国企业完全可以整合全球人才。例如，VIPKID就让北美地区的英语老师为中国小朋友教英语。从人才竞争角度，我们的人才市场已然成为全球市场。跟你竞争的根本不是你身边同一所大学、同一个专业的小伙伴，而是全球的各类人才。

过去几十年全球化的猛烈趋势虽然被疫情所影响，我们国家也提出"内循环"的概念，但随着疫苗的开发、疫情的控制，未来依然阻挡不了全球产业链的协作。如今的世界，已不可能每个国家永远关起门来各自内部循环。

产业上，行业无边界。企业竞争出现跨界"打劫"。例如，影响"康师傅"方便面销量的未必是"统一"，而是"美团外卖"，因为有了外卖大家不吃方便面。影响"美团外卖"的未必是"饿了么"，而是"摩拜单车"。因为，大家可以更方便地去吃现做的热气腾腾的饭。

组织内，职位竞争也会出现跨界。例如，人力资源总监完全有可能让销售经理担任，因为他才最懂得业务，也最懂得业务需要什么样的人。谁也不知道明天替代你职位的人会从哪个完全不同的行业挖来。

所以，未来组织将会是共同创造价值的"共生组织"。

组织内，完全可以打通部门之墙；组织外，也可以连接全世界的人才外脑，且服务对象和服务内容也会是无边界的。我做咨询顾问初期原本也很介意咨询内容的边界，但后来我们的宗旨变成只要客户有需求、有需要我们帮助解决的问题，大到战略、小到老板演讲的 PPT（演示文稿）美化，甚至年会宣讲企业文化，我都会去站台。

试问，在这样一个超链接时代，每天只见方圆 1 平方米隔间同事的你，只做驾轻就熟的一种职能工作的你，只了解一个传统行业的你，只待在一个城市的你，如果哪一天主动或被动地离开了现在的组织，你是否有足够的底气以"你自己的名义"与世界连接，还能够让你的价值变现甚至放大？

03 雇佣关系的瓦解

新的组织模式和管理方式下，你与组织的关系也悄然发生着改变。

100多年以来，所有发达国家以及后来的我们都进入了以雇佣关系为连接的社会。德鲁克先生曾经这样描绘道："20世纪50年代，在大型组织中工作的雇员成为每一个发达国家的主要风景线……"（《巨变时代的管理》）

那时候，所有的组织以员工数量多少为成功的代表指标之一，所有人都以为只要工作就应该去组织里，而且还向往大组织。可面对快速变化、竞争激烈、不确定的未来，如今的雇主在想：

既然未来方向随时变，我为什么平时就要养传统大团队？

既然一切在快速贬值，为什么雇用那些投入产出比不够的人？

既然世界会超级互联，为什么我不能让更多的人成为合伙人，共创价值，共享利益，共担风险，而不是单由我来承担有成本却未必有产出的"雇佣关系"？

而那些具有超级能力的人才也不禁会想：

我为什么一定要一辈子局限于做一种职业，而不是挑战和体验更多？

我为什么一定要在一个平台上发挥我的价值，而不是去更广阔的世界？

我为什么只拿有限的死工资，而不能真正分享所参与创造的财富？

发现了吗？无论从企业的需求端，还是人才的供应端来看，传统雇佣模式的意愿基础正在被瓦解。

传统雇佣时代的终结，意味着我们面临从"组织人"到"独立人"的转变。

你不一定是自由职业者，所谓独立，指的是拥有独立自主的能力，即便在组织内工作，也不会过度依附于组织，受制于组织控制，可共生，也可离开。人才与组织的关系变得越来越"弱连接"。组织对人才也是只求"为我所用"，不求"长期雇用"；只要"创造价值"的伙伴，不要"耗费资源"的员工。这就如同过去一相爱就是结婚，一结婚就是一辈子；如今，我们更加独立、自由，相爱可以在一起，但未必一定结婚，若愿意结婚也可以结婚，但也未必是一辈子。

这，将是未来职场的新常态。不，这，已经是眼前的现实。

组织的变化，个体的崛起，对于一些人来说意味着无限的机会，而对另一些人来说则意味着风险增加，加速淘汰。那到底，我们如何才能够抵御可能分分钟被时代、被组织淘汰的危机呢？

04 唯有进化，方有未来

《人类简史：从动物到上帝》中，为我们给出了一个答案。从7万年前到现在，在时间的变迁中人类之所以能够延续，就是因为一些人通过认知革命进化成为新人类物种。

唯有"进化"，方能拥有未来。历史如此，未来亦如此。

而作为一名微不足道的普通人，不是每个人都想要或者有能力成为下一个马云，但，我们依然要进化成为能够在新的职场环境中持续生存、活得自在的职场新物种，我称其为"超级单兵"。

新时代、新职场，人人都要活成"超级单兵"。

超级单兵，顾名思义就是"强大的个体"。

超级单兵的"超级"，并非传统意义上的最高最强，而是意味着"生命力的强大"，即在时代和环境的不确定性中活下来、活得好、活得久。

超级单兵，意味着一种新职场生存方式。过去只是在组织内作为员工往上爬，如果往上升不了职、当不了领导就没有未来。未来，一个个体不仅在组织内，而且通过与外部平台的连接，也可能具有极大的发展空间。

超级单兵，代表的是一种新一代工作观。 过去，稳定工作是幸福，当领导、成富豪是成功。未来，更多人追求更加独立、自由、幸福的自定义价值的活法，而不是活在社会或别人设定的边界、标准和期待中。

超级单兵，具备面向未来的职业续航力。 过去，你有一种手艺或者一份稳定工作就可以万事大吉。未来，你需要拥有基于数字化的集成能力，可以跨越不同的事业平台，穿梭于线上线下虚拟与实体空间，在任何一处都可以找到自己的位置和价值。

超级单兵，可以设计多维财富创造方式。 过去，你也许只会想着如何升职加薪，赚工资是唯一一种创造财富的方式。未来，你可以构建自己的新商业模式来创造多种组合的财富，抵御风险。

如果你成为超级单兵，不会害怕离开任何组织，而是与组织一同为社会创造价值，不会害怕被时代淘汰，而是勇敢地去创造新时代。

05 超级单兵可以训练出来

2014年,我远赴美国西点军校参加领导力课程的研修。课间,校园里时不时从天空降落下来跳伞训练的学员们。酷酷的迷彩服衬托着那种上天入地、勇往直前的精气神,个个都是超级英雄的模样。

我们当时的教官是参加过阿富汗战争、伊拉克战争的高级军官,我问他:"美国海军陆战队的超级单兵名声在外,您觉得超级单兵是天生的呢,还是后天可以培养的呢?"

教官说:"天生的优势是需要的,但大部分素质是可以通过科学的方法和后天的刻意练习,以及实战经验训练出来的。"

超级单兵 = 优势驱动 + 系统方法 + 刻意练习

我们基于这样的人才培养路径,也给很多家企业实施人才培养咨询项目。我发现,很多小伙伴其实不是缺乏成长的意愿,而是缺乏对自我优势的认知,没有系统的成长方法论,也就不知道该往哪里努力练习。

这也是我写这本《超级单兵》的契机和初心,希望能够帮助那些具有强烈的成长意愿,却苦于不知道从哪里着手的朋友、那些拼命努力却没得到快速发展的朋友、那些没有办法面对面培训或辅导的朋友，赋能自我成长的系统方法论和思维模型，让每个人学会如何找到自己的成长路径和策略。

《活出生命的意义》的作者维克多·弗兰克尔说："人所拥有的任何东西都可以被剥夺，唯独人性最后的自由——也就是在任何境地中选择一己态度和生活方式的自由——不能被剥夺。"而你想获得用自己的态度和方式生活的自由，是需要强大系统能力支撑的，这就是本书中超级单兵成长方法论的价值所在。

真心希望本书能够赋能未来的超级单兵，认识自己、突破自己、成就自己。

第一章

超级单兵：未来职场的超级物种

超级，不是最高最强，而是反脆弱的生命力
单兵，不是单兵作战，而是可进可退的独立
今天，无论你在组织，还是走出组织的归属
未来，你最终的归宿，都是更强大自由的你

01 超级单兵前传

洲，是我认识十多年的朋友，也是我有事没事总喜欢向其请教的前辈。他的职业发展轨迹里透着时代变化的印记，也有着他自己的价值主张。在我看来，他在每个人生阶段都活出了属于自己的一道光。

2004年，我毕业找工作，听闻朋友说他在一家猎头公司工作。我抱着帮我推荐好工作的希望，在国贸的一家咖啡馆里第一次见到了他。一身笔挺的西装、没有褶皱的白色衬衫、黑色边框的眼镜，沟通起来特别职业范儿……那时候，穿梭在北京国贸地区的外企白领大概都是这个样子。

我好奇地问起他的职业经历。他告诉我，之前他在一家咨询公司做管理咨询顾问，后来也在摩托罗拉做过人力资源经理，现在这个猎头公司是过渡，希望自己能够投身于更加富有激情的新领域。那时候我没办法理解为什么他会从光鲜的外企跳出来，跳出来去哪里会更好呢？但看起来他已经非常有想法，那种自信和笃定让我很是羡慕。

他也问起我要找什么样的工作。那时候的我也不知道该何去何从，做什么行业、做什么职位好呢？我似乎什么都能干，但又什么都干不了，似乎有很多想法，却又没有笃定的目标。我跟他说："您有经验，您专业，您看着办。"现在想来，他当时肯定很无语吧。人生中如此重要的职业选择还让见第一面的人看着办。但，这大概也是大多数职场小白在迷茫和无助的时候最真实的样子吧。

几年后再相见，已是我放弃了体制内稳定工作去英国念完书回来。那时，我加入了一家新加坡咨询公司，开始做起了洲的老本行——战略和人力资源咨询。洲也告诉我他的变化，他加入了某视频网站，负责人力资源和行政管理。原来，他指的新领域就是兴起的"互联网"。现在再回过头去看，那时候恰好就是互联网时代视频网站在"风口"之际。

随着视频网站的迅猛崛起，几年下来，洲已经不是简单的优秀骨干，而成为带领大团队的职业经理人。作为头部企业的副总兼首席战略官，他的大名频频出现在各种论坛和媒体上。偶尔一起喝咖啡，讨论的也都是战略问题，从他的举手投足间，我明显感觉他从里到外都已经蜕变成另一个"他"了。

也不知道是受他的影响，还是被时代推着走，我追随他的脚步，加入了一家最早一批做移动互联网教育的公司。那时候，我们还没开始用智能手机，我除了打电话发短信还不知道 App（手机应用程序）是个什么玩意儿，却开始参与做起了移动教育和移动阅读的 App。虽然我不懂技术，但我想着，门户网站的时代没赶上，那就应该赶一赶移动互联网时代的大潮吧。

不料，2011 年，诺基亚这头大象开始走下坡路，虽然和微软携手开发 Windows Phone 系统，但挽回不了诺基亚手机跌下神坛的命运。诺基亚占了我们公司一半的股份，自然我们也免不了连带被清算的命运。固然拿到了基本的赔偿，但也被迫签署了竞业协议。人生第一次，我被动失业了。到现在我都依然记得那天拿着纸箱子走出写字楼时的迷茫和无奈。那一刻，我突然意识到，即便在最好的平台，即便我们的产品已经坐拥 2000 万用户，即便哪一天我爬上了高管的位子，这一切都有可能在某一天突然清零。

本应三十而立的我，却毫无防备地失业了。洲倒是主动放弃了万人羡慕的头部企业高管职位，和合伙人一起开启了新的创业之路，竟然转型成了制片人，做起了动画电影。此时的他，即便我突然在工作日到办公室找他，也看不到他穿西装的样子了。一身简单的牛仔裤加 T 恤，混迹在"90 后"里，一起打球一起工作，根本看不到大叔的油腻，活力十足。看起来，那就是传说中的"自由的选择"。

我问他为何创业还竟然转行，他感慨道："外人看起来是转行，但其实我觉得前面所有的积累，冥冥之中都是为了现在我所做的事情而准备的。就是乔布斯说的 connecting the dots（将生命中的点连接起来）的感觉。"

恰逢中国动画产业刚刚开始崛起，电影院线井喷式增长，虽然一开始只有两个合伙人，但几年下来，他们做的一部部中国动画电影不仅收获了中国甚至美国院线不俗的票房，还得了各种国际奖项。别人看到他的成功，我却从他越来越富有激情的状态中看到了喜悦，也许那种喜悦就叫作"幸福地工作"。

如果说，洲在时代的变化中踏对了每一次的浪，那么我的职业发展之路更像是向内寻找自己的旅程。我从体制内到外企再到民企，最后越跳越小，终于跳成了"自由的一个人"。

过去十年间，我一直作为管理顾问陪跑企业，也作为讲师、作家，输出课程和分享知识来帮助个人成长。我的职业一直没变，这个工作的有趣之处在于，我可以看到不同行业企业的发展、各圈层不同职业人的人生故事。我也从一个助理蜕变成咨询合伙人，常常给成百上千人演讲和培训。

我们都不是官二代、富二代，都是再普通不过的高考后"北漂"的无数分之一。但洲从外企到民企，从传统制造到互联网，从人力资源主管到制片人，一次次的转型适应得都很好。他也不断突破自己，从员工到高管，从打工到创业，一次次成功跃迁。我不知道他的下一站将会是哪里，但我知道，某一天他一定还会主动跳到另一片大海，寻找下一个风口、下一个热爱、下一个挑战，创造下一个巅峰时刻。

我自己倒是慢慢更加知道自己会去往哪里。我热爱管理研究，热爱教育，也越来越笃定老师的身份将伴随我的人生。即便日后我也许还会去企业内工作甚至与团队一起创业，也依然是企业管理研究过程中的"知行合一"罢了，最终也会回归到输出管理思想，帮助他人成长的初心。

从职业经理人到创业成功的洲，从稳定的体制内员工到独立自由的我，虽然我们代表不了谁，但我们走过的轨迹，以及"不是结局的结局"又何尝不是那些靠自己打拼的平凡但不安分的职场"单兵"们的缩影。

职场世界如同生物世界一般，要么灭亡、要么进化，弱肉强食、适者生存。洲和我都是幸运的。在一路奔跑的过程中，我们看到很多人压根不愿意跟上，有些人想跟却跟不上。而洲和我，虽然各自选择了不同的发展路径，但一样的是我们一路都在进化，都活了下来，且活得还不错。

在这个时代洪流中，就有那么一些人总能积极地面向未来，在不确定性中找到确定，在混沌中不断突破，不被时代抛弃，不被大浪拍死，活出自己的精彩。

我把他们——不，应该说把未来更强大自由的我们——称之为"超级单兵"。

02 超级单兵是什么

何谓"超级单兵"？

顾名思义，"超级"就是"强大"，"单兵"指的"个体"，从字面简单理解，超级单兵就是"强大的个体"。

这与传统意义上的"牛人"有什么区别？让我们分别从"超级"和"单兵"这两个关键词切入，理解超级单兵到底是怎样的人，他们身上有什么特质。

首先，超级单兵的"超级"，并非传统意义上的最高、最强，而是意味着反脆弱的强大生命力，即在时代和环境的不确定性中活得好且活得久。

从空间维度上，超级单兵在哪里都能"活得好"。

有些人在一个公司某个岗位上也许做得还可以，但一旦离开自己熟悉的环境，比如换了岗位、换个公司，或者到新行业，就没法适应。

超级单兵，就如同生物界里的两栖动物一样，无论是在组织内还是离开了组织都可以生存。甚至有些超级单兵同时兼顾"组织人"和"独立人"的两种身份。

茫茫的大海还是广阔的陆地，那只是超级单兵的意愿、自由的选择，而不是被逼只能待在有限的环境里。

从时间维度上，超级单兵可以穿越时间周期，"活得久"。

恐龙再大也灭绝了，"刽子手"袋狮也已消失，生物界最大、最强的物种未必能活得久。人也一样，别看有些人抓住了一时机会成功或暴富，但随着时间的推移，他们未必依然是下一轮赢家。

超级单兵，未必是最大、最强的，但一定是那个能持续活着的。即便小如蚂蚁，也能灵敏捕捉变化，学会适应变化所需要的新技能，在每次暴风雨来临前让自己转移到安全地带，早早挖好洞、储备好食物，开启下一段征程。

其次，再来理解超级单兵中"单兵"的意思。这里澄清几个误解：

第一个误解，超级单兵＝自由职业者？

一看到"单兵"字眼，就很容易想到自由职业者。比如，作家、设计师、心理咨询师等。但实际上，超级单兵并不是局限于一种个体自由职业形态。

在企业内打工，超级单兵为团队交付价值，不怕也不会出局；

在创业竞争中，超级单兵为市场创造价值，不怕也不会没钱赚；

选择自由职业，超级单兵与客户交易价值，不怕也不会没项目；

哪怕全职在家，超级单兵也能让自己成长，随时可以杀回职场。

超级单兵的"单"并非"单独作战",而是可共生也可离开的"内在独立"。所以,"独立性"是超级单兵的第一个特性。

第二个误解,只有超级大咖才是超级单兵?

提到超级单兵,你可能很容易会想到聚光灯下的明星或个人大IP[1],像歌手王菲、主持人董卿、知识大咖罗振宇,或者你可能也会想到那些特别牛的明星企业家,如马云、任正非、马化腾等。

如果说,过去只有那些金字塔尖被公众认知的超级IP才能配得上"超级"两个字的话;未来,不,今天得益于互联网、新媒体,使得身边一些普通人都有机会建立自己独特的个人品牌,也可以拥有海量粉丝。即便你不是新媒体人,也完全可以通过自己的专业或独特价值形成个人职业品牌。

《诗经》中"单"也通"亶",是诚信的意思。超级单兵,其实不一定是超级大咖,但他在自己擅长的某个领域

---

[1] IP原本是英文"Intellectual Property"的缩写,直译为"知识产权",在互联网界有所引申。互联网界的"IP"可以理解为所有成名文创(文学、影视、动漫、游戏等)作品的统称。也就是说此时的IP更多的只是代表智力创造的,比如发明、文学和艺术作品这些著作的版权。进一步引申来说,能够仅凭自身的吸引力,挣脱单一平台的束缚,在多个平台上获得流量、进行分发的内容,就是一个IP。它是能带来效应的"梗"或者"现象",这个"梗"可以在各种平台发挥效应,因此IP也可以说是一款产品,能带来效应的产品。

里一定具有诚信的个人品牌。

第三个误解，已经成功的"牛人"就都是超级单兵？

那些已经拥有"什么师"或"什么总"的高级抬头，或年薪多少个零的成功人士是不是都属于超级单兵？不完全是！

我们看过太多"牛人"的衰败，犹如夜空中一道流星，短暂闪耀之后再也提亮不起来，甚至我自己就遇见过承受不了失败、落差而选择结束生命的极端案例。

《老子》中"单"既有"战"，战斗之意，也有"繟"，坦然宽舒之意。超级单兵，是面向未来持续追求，保持迭代，落败时也能坦然面对，快速复原。

总而言之，从"超级"和"单兵"两个词综合理解，超级单兵就是职场中具有独立性、品牌性、进化性，不被时代淘汰的反脆弱的超级物种。

超级单兵也是新时代变化的产物，其独特和强大表现为如下四个转变：

- **新追求**：从普世的"外在成功"的追求，到自定义的"内在实现"；
- **新发展**：从组织内"垂直向上"的发展，到超连接中"个体崛起"；
- **新能力**：从单一的"模块能力"的技能，到数字化的

"集成能力";

•**新财富**：从被动的"单一工资"的收入，到主动创造"组合财富"。

新追求：从"外在成功"到"内在实现"

在我父母"50后""60后"这一辈来说，最成功的标志莫过于进机关或大型国有企业。同学聚会也难免比比级别，吹牛也要说跟哪个大领导一起吃饭。那时候的父母，嫁女儿也得先问问对方有没有体制内的工作，追求的就是那份"稳定"，以及一辈子熬出头所获得的"权威"。

"80后"的我大学毕业的时候，刚好处在中国改革开放后高速发展的阶段。那时候政府大力鼓励外商投资，最牛的同学们都去了国际投行、国际咨询公司、四大会计师事务所、世界500强外企。那时候我们的梦想是：扎根北上广深，出入甲级写字楼，出差住五星级酒店，拼到年薪百万的金领精英。

在我MBA（工商管理硕士）毕业的时候，国家鼓励创新创业，周围最受膜拜和追捧的，是那些融资第几轮多少亿元，疯狂奋斗几年就跑去上市敲钟，或者公司被某巨头收购，实现财富自由的创业者们。如今，连传统商学院博士生导师的课都没有混沌商学院成功创业者的分享来得有人气。

　　每一代人所面对的世界，所经历的中国是不一样的。如何看待未来，如何看待成功，价值标准也发生着巨大的变化。如今，"90后"都奔三了，"95后"也开始思考职业方向了。未来，"95后"年轻人向往的职业会是什么样的呢？

　　有趣的是，在2019年搜狐做的一项"'95后'最向往的新兴职业排名"调查中，竟然54%的年轻人选择了"网红主播"。一半以上竟然想成为网红主播？Oh, my god！（天哪）我们的孩子们是不是堕落到没前途？

　　那些不上B站（哔哩哔哩）、不玩抖音的"95后"的父母们真的无法理解，为什么一个网红主播如今比大学老师、公务员、企业高管还有更多粉丝。这个世界怎么了？前辈们不禁担忧起下一代的发展。但世界就是这样，上一代鄙视下一代，但最终又还是由这些所谓"无可救药的下一代"来掌管世界、推动社会进步，不是吗？

　　凭我们的想象力恐怕已经描绘不出未来可能出现的新兴职业。除了现在流行的淘宝主播、公号写手、抖音网红、游戏测评师、声音优化师，未来随着高科技的发展，像人机整合工程师、大数据分析师、基因编辑工程师等具有技术含量的工作也会非常热门。还有那些比较有趣的职业，像VR（虚拟现实技术）旅行体验官、遛狗师、航空体验师、酒店体验师等也会大受欢迎。

那么，未来超级单兵会做出怎样的职业选择，又会追求什么样的价值呢？

首先，超级单兵不一定是自由职业，但一定是追求独立自由的。

我的学员小静，毕业于中国人民大学国学专业，家里特别希望她一个女孩子就去国家机关工作，嫁个好男人，过上安稳的日子。以她的学历和成绩，她完全可以成为父母期待的那个样子。

但是，她毅然选择了互联网行业，而且在新浪、百度等知名大公司伸出橄榄枝的情况下，却选择去了当时还是初创期的字节跳动。后来，随着短视频行业爆发，她也快速成长为短视频运营专家，快速升职带领团队，还被邀请在线上知识付费平台上开起了如何做好短视频的在线课程，拥有很多年轻粉丝。

如今，她经常接到猎头电话，有很多企业想挖她去做运营，开价也不低。我看到她很忙，是那种传说中的996（朝9点上班，晚9点下班，一周工作6天）。但相比很多人上班像上坟一样，万般无奈百般不愿，她却每天很开心地工作。她非常有底气地说："我的工作非常有趣，也很有成就感，如果哪一天不想打工了，我也完全有能力开一个工作室或传媒公司，帮助更多企业做短视频运营服务。"

所谓自由，并不一定是身价多少亿元的富豪，而是一种"选择的自由",自由地做自己热爱的事,做自己擅长的事,开心地走自己选择的道路。这不是钱给的,而是自己的内心给的,也是这个时代给的。

其次,超级单兵不一定做多超级的事,但一定是做有趣有梦的事。

培训圈里有一位陈老师,曾在机械公司做销售,后来有了孩子就开始陪孩子玩乐高。从小喜欢搭积木的他喜欢上了乐高世界,乐高似乎点燃了他的激情。他转型做乐高培训师,飞遍全球学遍了所有大师的乐高课程,还自己研发创新。看似不起眼的玩具,他却钻研成了这方面的专家。

如今,他已经是中国顶级的乐高培训师之一,基于乐高给企业开设领导力课程,一天课酬三五万。他说:"我一年飞200天,但一点儿都不觉得辛苦,反而每天激情满满,因为乐高带给我乐趣、成长和梦想。我还有个目标,就是未来也要输出中国自研的培训课程和工具到全世界,而不是一味学习西方的东西。"

所谓"超级",不一定要成为比尔·盖茨或马云,但心中要有一个有趣有梦的自己的"乐高超人"。

最后,超级单兵不一定有钱有势,但一定是内心丰盈幸福的。

李一诺是比尔及梅琳达·盖茨基金会北京代表处首席代表、一土教育创始人。她,放弃了麦肯锡全球合伙人的高薪职位，放弃了美国优越的生活条件，回到中国开启解决社会问题的公益事业，也创建了拥有几十万粉丝的公众号"奴隶社会"。

一诺和她的先生华章还共同创立了一土教育，旨在践行回归教育本质的创新教育。固然她的财富远远达不到上福布斯榜单，甚至有时候为了解决资金问题而奔走各地。可是，他们的善举影响着一个个孩子，帮助着那些无法接种疫苗的人们，促进了贫穷落后地区的一点点改变，她的生命是丰盈的、幸福的。

她心中的幸福，不是以考上清华为终极目标，更不是嫁个有钱人过上奢侈的好日子，而是帮助他人的价值感，让世界更美好的使命感。

其实，这三个案例的主人公都不是身价过亿的人，也并不是多有权力的人，但他们呈现出了超级单兵"独立自由""有趣有梦""利他幸福"的美好样貌，也告诉我们，你我都可以活成真正的自己、完整的自己。

什么是真正完整的自己？其实，真正完整的自己，就是从自定义的人生价值出发，结合外在世界的需求，将"内在实现"和"外在成功"相结合、相统一。单被外界标准所束缚，你会失去自我，而只考虑自我却不考虑社会和他人，终究也只局限于那个小我里。

当然，一万个超级单兵有一万个超级的样子。超级单兵之所以"超级",就是因为不被普世的"外在成功"的价值标准所束缚,而是敢于追求自定义的人生价值,实现真正的"内在成功"。超级单兵之所以"超级",更是因为不被"自我内在"所束缚,而是为更大的世界、更多的他人创造价值而实现真正完整的自己。

新发展：从"垂直向上"到"个体崛起"

过去,我们想在职场中更好地生存发展,就需要在组织的金字塔上"垂直向上"。每天朝九晚五上班,努力执行好上级的指令,以此获得组织的认可,一步一步往上爬,最终到达金字塔顶端的职位,那就算是幸运和成功的。这就是曾经的职业发展路径,很多传统行业的组织到现在依然如此。

如今,这种金字塔式的组织结构正在瓦解。组织变得越来越灵活、扁平、敏捷。你的出路并不是单向"向上爬",而是要找到个体崛起的新路径。

超级单兵,有哪些可行的发展路径呢？分享四种路径,但不限于此。

第一,你可以借助平台或生态圈成为一个"项目经营者"。

快时尚女装品牌韩都衣舍就是这样让员工成为老板的

平台公司。韩都衣舍用产品小组的方式提供了"人人可以成为经营者"的事业平台。

韩都衣舍内部有300个产品运营小组。每个小组由2～3名员工组成，负责运营一个大单品。在产品设计、页面制作、货品管理等非标准化环节，小组都可以拥有发挥创意和自主经营的空间。

韩都衣舍则在公司层面构建公共平台来为每个小组提供系统支持。一方面，提供初期资金支持，比如一个小组给20万元启动采购资金。每个小组独立核算，基于你上一年度的业绩指标（包括销售额、毛利率、库存周转率等），来决定下一年度公司所提供的资金支持的额度。另一方面，公共平台会提供供应链、仓储物流、IT（信息技术）系统、客户服务系统、集成服务系统，提供淘宝、天猫、京东等电商平台的接口。

韩都衣舍内推崇一句话叫"不想当选款师的制作不是好运营"，虽然是句调侃的话，但也足以表明活下来的单兵都是综合能力很强的超级单兵。

未来，更多组织会变成类似的"共创平台"，由组织提供强大的中台系统，包括技术工具、商务、法务、行政支持等共享服务，而每个小单位甚至小到一个人都可以选择利用公司的产品、平台和服务开创自己的项目，并分享利润。

除了公司内部，外部生态圈也会成为"共创生态圈"。

比如，阿里系、腾讯系都会投资和赋能旗下创业企业，在生态圈里你可以找到各种支持。所以在职场打工时进入一个好的生态圈，有意识地建立优质连接，也是为未来铺路的过程。

第二，你可以不签劳动合同，而成为"事业合伙人"。

这几年很多行业都流行"合伙人模式"。你可以寻找认同的事业方向，要么投资一部分钱，或者用资源价值交换成为事业合伙人。

比如，樊登读书会就是用"合伙人模式"在全球建立了 1700 个分会，拥有 3000 多个合伙人。从讲书开始，如今已经成为"大 V"[1] 的樊登本人毋庸置疑是互联网知识付费时代的超级单兵，其实那一个个合伙人也都是连接这个超级平台的超级单兵。

当然，樊登读书会也不会随便让人当自己的合伙人，要么你资金投入，要么你能拓展市场，要么你能带来流量或战略资源，随着平台的品牌知名度越来越高，合伙人的门槛也会随之提高。

所以，未来的你，是愿意签甲乙方的劳动合同，还是愿意平等地签署合伙协议，这就要看你是否有足够的意愿和能力，从一个顾客、一个员工、一个团队主管进化成为可以完全独立拓展市场、运营社群、共创共赢的合伙人。

---

[1] "大 V"是指在新浪、腾讯、网易等微博平台上获得个人认证，拥有众多粉丝的微博用户。

第三，你可以创建"一人企业"，让自己的优势变现。

"一人企业"其实就是选择自己的某个细分领域做副业或小微企业。

小佟，曾是某知名商学院的班主任，每天面对企业家学员、商学院教授和商业案例。后来，她选择了自己热爱的方向，转型成为编剧，成立了自己的工作室。

小静，是某国企的技术骨干。工作之余，她喜欢做手工阿胶糕，发现在女性朋友中还很受欢迎，就索性做起了副业。用天然原材料精心制作的阿胶糕，再配上自己亲手写的小贺卡，从产品研发、包装设计到微信营销都是她在自己工作之余做的。她的阿胶糕在朋友圈里卖得不错，可以月入三万元。

越来越多的人不愿意局限于一种重复性的工作体验。有文化的农民、有匠心的工人、有才艺的文艺青年都可以探索更多的可能性。

超级单兵就是极大地释放自己的优势，建立个人品牌，让自己的优势变现。

第四，你可以让自己成为"个人IP"，通过流量变现。

著名央视主持人白岩松说："未来，人人都要有媒体素养，因为每个人都是自媒体，每个人都需要建立个人品牌。"

互联网和自媒体的爆发让一部分个体获得了创建个人品牌的机会。年糕妈妈——母婴电商品牌"年糕妈妈"的创始人，就是把自己运营成一个大IP的成功案例。

最早，刚生宝宝的她和很多新手妈妈一样遇到育儿的焦虑和困惑。医学专业出身的她，就想起分享育儿知识给新手妈妈们，开了育儿公众号。一步步，她从一个码字的全职妈妈，成了与章子怡同框、代言各类育儿品牌产品的网红明星。接受紫牛基金创始合伙人张泉灵的投资后，在宝洁做供应链管理的老公都辞职与她一起创业，帮助管理和运营供应链和电子商务，打造了母婴行业里的明星公司。

当然，超级单兵并不一定个个都要成为聚光灯下的公众人物或者网红，也并非所有自媒体都能进化成可变现的商业模式。但可以肯定的是，形成个人品牌绝对可以帮助超级单兵获得信任，对自己的主业发展也有帮助。

综合上面的四个路径，如图1-1所示，小太阳代表个体"单兵"，圆形代表"组织"，表示个体与组织的关系。比如，小太阳在圆形内部就代表在组织内，在圆形外部就意味着与组织不是雇佣关系。小太阳与圆形的相对大小表示其强弱程度。

盘点了个体与组织的各种关系后你会发现，单兵无论在组织内还是在组织外都避免不了面对组织的两个残酷。

组织的第一个残酷，就在于你终将要和它说再见，甚至组织会逼你说再见。过去到了退休才脱离组织，现在再见的时间点越来越提前。过去，即便退休了组织还跟你保

项目经营者　　　　事业合伙人

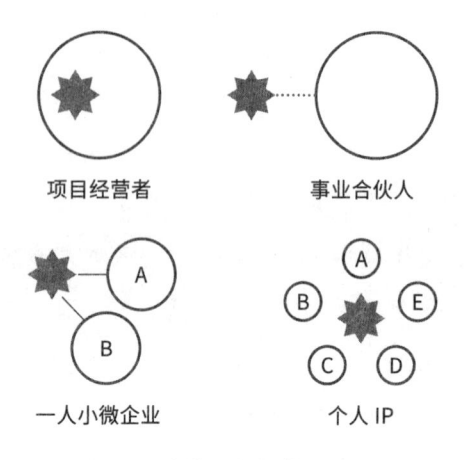

一人小微企业　　　　个人IP

图 1-1　个体与组织的关系图

持"强连接",现在即便在组织内工作,你和组织都可能只保持"弱连接"。只有你足够强大和有影响力,才会有组织和其他人愿意跟你保持连接。

组织的另一个残酷,就是你终将还是不能和它说再见。一旦你脱离组织平台的连接,即便你自己有十八般武艺,也只不过是一个小小单兵而已,能量是有限的。所以,对于超级单兵而言,待在组织内还是出来并不重要,重要的是建立更多更强的超连接让超级单兵的优势释放,甚至指数级放大。

想要成为超级单兵,就得趁早理解你与组织"既独立又连接"的特殊关系,成为更独立、更完整、更强大的自己。

新能力：从"模块能力"到"集成能力"

过去，只要你有组织所需要的模块化的一技之长就可以过得很滋润。比如，你有擅长做财务、技术、人力资源等职能模块的专业能力，就可以比较容易地找到自己的岗位以及之后的发展通道。直到现在，专业模块的能力依然非常重要。

但在此基础上，超级单兵要保持进化，就需要集成更多面向未来的新能力。各个行业、不同工作所需要的具体的未来能力各有不同，但获取能力的方式大同小异。这种获取新技能的能力就叫作"集成能力"。

第一，率先集成数字化能力到自己的工作模块上。

小舒，某知名广告公司项目经理，服务于三星、现代等多家大型韩国企业。这个女孩因家境不好大学都没上过，论学历在职场中并没什么优势。但在公司里，她却胜过那些985、211名牌大学毕业生，深受上司和客户喜欢。她工作效率特别高，做出来的成果总是深得客户认可。每次跳槽，前任后任老板都会开出翻倍的薪水。她有什么与众不同之处？

我观察到她有个最大的特长，就是特别擅长各种软件应用。小到制作报告PPT、背景板、音乐视频剪辑，大到客户管理系统的bug（程序漏洞），都可以自己搞定。她通过熟练掌握各种最新软件工具,来提高工作效率和客户满意度。据她说,这些都是通过云课程自主学习的,她要么在探索新技能,要么就在学习新技能的路上。

身处数字化时代,虽然不是每个人都能拥有掌控人工智能和大数据的能力,但快速掌握使用数字化工具的能力是必备的生存技能。甚至未来,得益于云计算公共服务,个体或个体开发者的运算能力和大企业的运算能力会变得越来越公平。谁率先集成到自己的工作模块中,就会有先发优势。

如图 1-2 所示,如果能够快速将未来所必备的数字化工具的"开发能力"和"应用能力"集成到你自己的能力中,你到任何地方都能有一席之地。

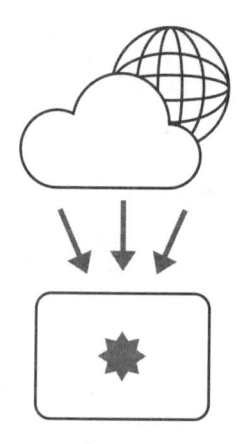

图 1-2 从云端自我集成未来的能力

第二，把自己快速集成到全价值链中。

以我这样一个咨询顾问的成长为例，当作为咨询助理的时候，做好后台支持性工作就可以，包括访谈资料整理、数据搜索、报告 PPT 美化。但想独当一面成为咨询顾问，那就需要能做中台交付方案的工作，比如诊断问题、撰写咨询报告。当要成为合伙人的时候，就得再加上前台工作，也就是大客户销售，包括挖掘客户需求并拿单签约、统筹项目、管理客户预期、解决冲突等。

如图 1-3 所示，通常小到一个项目大到一个组织都可以大致分为前台、中台、后台的工作。前台，是与客户接触最多的工作，中台是交付业务工作，后台是系统支持工作。超级单兵需要将自己快速集成到各个环节中，并且在核心价值链上发挥自己的价值。

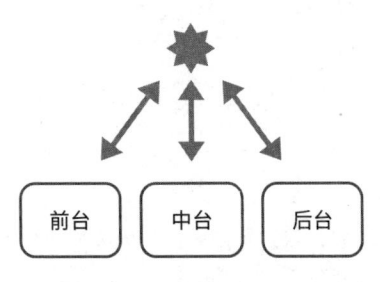

图 1-3 把自己快速集成到价值链中

比如，一个设计师，看起来是交付项目的中台工作，但如果不局限于自己的小边界，而是多参与到前台工作，他就能够更加快速理解环境的变化，深度洞察客户的需求，就能成为超级设计师，甚至未来可以成长为合伙人。

集成到全价值链中，并非是让超级单兵亲力亲为所有工作，而是需要把自己集成到各环节中去，掌握信息、能力和资源。为了集成这些，你可能需要主动参与和承担更多工作，但看似好像分担更多，实则会反补超级单兵跨界进化的能力。

第三，以自己为中枢，集成他人的能力。

超级单兵未必是万能的，也不可能成为万能。但是他可以集成实现目标所需要的完整的能力结构，越是想做大事的超级单兵就越需要集成更多其他人的能力。

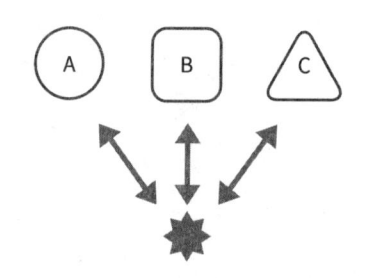

图1-4 集成其他人与组织的互补能力

那些企业家、创业家都是这类超级单兵，他们会找来能力互补的最强合作伙伴。组织，其实就是集成能力的平台，未来组织会通过提供强大的中台和后台服务，让超级单兵放大自己的优势，减少运营成本。

哪怕像顾问、网红、作家这样看似独立的工作，也需要集成其他人的能力。比如，我撰写这本《超级单兵》新书，作为内容创作者，自己再超级也需要专业团队的策划、出版、发行、推广等能力组合，围绕作家全方位赋能才能最终完成。

总而言之，不管是从云端、从组织还是从他人那里集成能力，为的就是让自己足够开放地接纳新东西，吸收更多能量，让自己越来越强大。当且仅当自己强大，你才不会被动。

新财富：从"单一收入"到"组合财富"

过去，大部分人创造财富的模式是单一的。要么打工赚工资，想方设法升职加薪，要么下海做生意，投入自己的全部身家来赌一把人生逆袭。

随着个体与组织的关系发生变化，从单一雇佣模式到各种形式的合作模式，超级单兵的盈利模式也从被动的、单一的工资收入，到主动的、多元的组合财富模式。

个体的收入可以分为三种类型：

- 劳动收入：通过你的时间和交付的劳动来交换报酬；
- 投资收入：通过股票、基金、股权、保险等各种投资理财工具创造投资回报；
- 创业收入：通过产品、服务获取利润，以及通过商业模式在资本市场上进行融资、运营、上市或并购等获得资本回报。

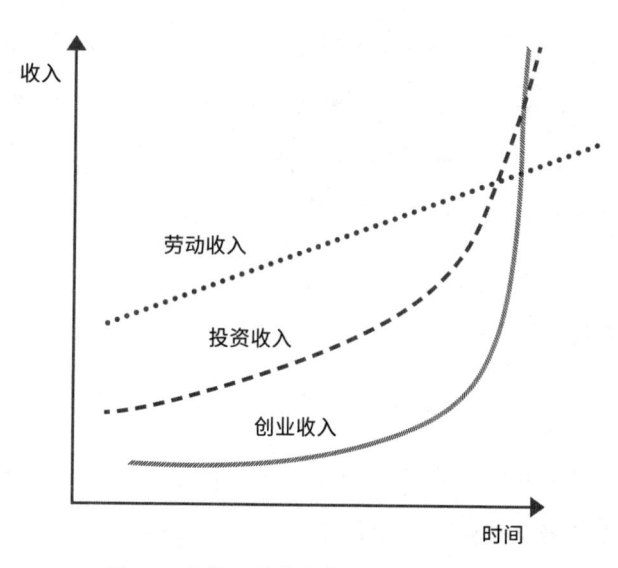

图 1-5 个体三种收入类型的增长曲线

超级单兵，就是将三种收入类型组合起来设计自己的收入模式。组合，可以带来更多的可能性，也可以分散风险。

第一，单一收入组合。

过去的劳动收入，比如工资，一旦所在的组织不景气或者你被辞退就可能会面临窘境。超级单兵就会通过"劳动组合收入"的方式进行风险规避。

颜总，曾在某股权基金做投资总监。这两年辞职后做起自由顾问的他给几家企业做财务战略顾问。每个月这些客户企业给他支付一定额度的费用，他也相应付出一定时间参与到公司经营中的重要会议和决策。他说："这样的工作方式虽然没有固定一家企业给发高薪那么稳定，但即使有些公司倒闭了或者合作不下去了，我的收入池整体也影响不大，因为鸡蛋放在多个篮子里。"

劳动组合收入，虽然也是劳动收入，但是组合不同的收入来源。一些专业服务类职业，如会计师、律师、咨询师、培训师等都常见这类收入方式。还有些"斜杠青年"，上班之余开辟出副业收入，比如写作、设计等也是"劳动收入 A＋劳动收入 B"的组合模式。

同理，投资收入和创业收入也都可以开辟出"A+B"的同类收入的叠加，比如，从多个项目投资收取回报，创业企业多孵化新的产品线或分公司。这既是开辟一条新的现金流，也是分散风险的方式。

第二，劳动收入＋投资收入。

分享一个反例。旭老师，2020 年正好到了五十知天命的岁数。前些年他发展得不错，在国外有一份薪水不菲的工作，让周围人羡慕不已。他看起来很有生活品位，开豪车，出入高级餐厅、喝洋酒抽雪茄，喜欢奢侈品。但今年回国发展的他，找我咨询项目时说："不怕你笑话我，别看大哥前些年不错，但现在手头上真没什么钱。我最后悔的事莫过于收入还不错的时候都消费了，你以后可别这样。"

我们都不是含着金汤匙出生的人，年轻时都是靠贩卖自己的时间和劳动来换取报酬。但到了一定阶段之后，人与人的财富就会拉开距离。那些拿出一定比例收入配置到投资理财的人，即便没有了劳动收入，大多都可以抵御一定的风险。而那些用各种信用支付工具透支消费的人，奋斗多少年都可能原地打转。

超级单兵，就是在自己年富力强时增加劳动收入的同时，拉出第二条投资收入曲线，组合管理出未来财富的种子。

第三，劳动收入+创业收入。

一些创业组织会提供内部员工一些共创价值、共享财富的内部激励机制或内部创业机会，而不是拿死工资。

比如，小米曾经在创业的时候给员工三种薪酬方案：A方案，原有工资；B方案，70%工资+股权；C方案，生活费+股权。当时，15%的人选了A方案，70%的人选择了B方案，15%的人选择了C方案。最终，小米上市的时候，当然是那些舍弃短期利益、看重长期回报，与小米一起共创价值的人获得了巨额的财富。

一些传统行业企业也为员工创造了这样的共创平台。永辉超市，就是通过合伙人激励机制获得高速发展，已开门店791家，覆盖全国24个省和直辖市。永辉超市门店员工除了基本工资，还有机会获得门店超额收益分红。所谓超额收益，即预先设定基础毛利额或利润额，超出预设的基础数额后，超额收益由公司和员工进行收益分成，分成比例沟通讨论，一般有五五开、四六开，甚至三七开。只要愿意，从门店经理到员工都有机会利润分成，甚至成长为合伙人。

用好这样的平台，你就可以拿着一份薪水之外还能创造出创业收入。

第四，创业收入＋投资收入。

我的理财顾问韩老师，就是用这个组合成为实实在在的亿万富翁的。

他自己经营一家主营食品加工原料的贸易公司。作为一家大企业的经销商，他判断虽然业务比较稳定但也不可能做得有多大。所以，他创建了一支私募基金。通过这个组合，短短5年时间实现了从50万元到2000万元的原始积累。

相比那些身价几百亿元的大佬们而言，韩总看起来不算牛。但实际上作为单兵作战而言，他已经跑赢了大多数。贝恩与招商银行联合发布的《2019中国私人财富报告》中，中国个人可投资资产在 1000 万元以上的高净值人群也就是 197 万人。这其中白手起家通过组合投资增值财富的就更少了。

韩老师并没有选择融资上市这种创业道路，而选择了做轻做精自己的企业，加上管理基金的组合方式。当我问他为什么选择这种模式，他回答："一来，我倾向于长期主义，这种模式可以一辈子持续。二来，时间自由。时间，才是我最大的财富。"原来，在他看来财富不仅仅是钱，他通过这种方式确保了自由支配时间，把时间投资在运动、阅读、学习、陪伴孩子等他认为最重要的人生价值上。

第五，三种收入组合。

是不是可以出现三种收入组合呢？或者是不是三种都有才是最好的呢？

当你身处有价值的公司平台，在公司平台内部深度参与创业，公司也愿意将你当作深度绑定的合伙人分享股权和利益的时候，三种收入组合也是有可能实现的。如今，越来越多的公司平台愿意发展内部合伙人，如果你判断自己所在公司是具有价值的平台，那么请你争取不要简单当员工而是成为合伙人。当与公司共同创造财富之后，公司也会对外投资。这时，也可能针对性地发行投资项目基金，可让内部人优先认购。这就形成劳动收入、创业收入、投资收入的三种组合了。

但请记住，从人力资源角度来看，当前短期的劳动收入和未来创业或投资收入之间是此消彼长的关系。也就是说，如果你想从平台上获得短期的高现金回报，你的股权或期权会受影响；如果你想要获得更长期的回报，可能需要牺牲一部分短期利益，不可能什么都想要最高的。

另外，三种收入都由自己来主导的情况下，建议不要同时都要，在一段时期有侧重点地拉出不同收入线，而不是同时耕耘。比如，新东方的俞敏洪创业成功后，再去宏泰基金做投资。对于大多数人而言，能够拉出两条收入曲线已经非常不容易，因此要先集中从自己擅长的部分开始拉升收入曲线。

所有上述组合没有对错，没有更好，只有适合自己的才是最好的。你从擅长的方向、遇到的机会开始慢慢拉出收入组合就好。

在我开始关注各行各业已经成为超级单兵的高人的时候，我常常问他们赚钱背后的原则。我发现，他们虽然收入模式各不相同，但都有三个共同特点：

- 目的明确：懂得赚钱的目的，而不是简单追逐钱本身；
- 底层原则：对回报与风险，都有自己的底层原则；
- 长期主义：不图短期暴富，通过长期管理来积累综合财富。

想必随着组织的创新、金融工具的创新，也会出现更多不同形式的收入组合。在那背后，超级单兵的底层能力就是设计自己的盈利模式，并控制其中的风险。

03 超级单兵成长罗盘

超级单兵并非一天炼成。那有没有可以指导践行的成长方法论，可以更有意识、有策略地让一个个普通人也能一步步成长为超级单兵呢？

"超级单兵成长罗盘"，就是这样一套指引你进化成为超级单兵的方法论，也是整本书的框架基础。在详细解读成长罗盘之前，我必须要说明大前提。

前提一：独特性。

每一个超级单兵的个案都是独特的。他们的成功也都具有天时地利人和的综合因素，任何成功都是无法完全复制的。但成长罗盘提炼出的系统逻辑是具有共性的步骤和方法论。它不一定能够准确地解决你具体的某一个问题，也不一定马上教会你快速升职加薪赚钱，但它一定会启发你思考如何自我进化。

前提二：可塑造性。

我曾经问过西点军校的教授："超级单兵是天生的？

还是后天培养的？"他说，一部分素质基础确实是天生的，但大部分能力是可以刻意训练出来的。我坚信，当你理解了方法论（知），实践中刻意练习（行），最终形成属于自己的一套思维系统（悟），也可以蜕变成为超级单兵。

前提三：迁移性。

人类认知中的各种学科在底层思维层面都是可迁移的。比如，数学、生物学、军事科学等学科都对企业经营管理思维起着重要的作用，很多法则、方法论都是适用于企业经营和组织管理的。同理，职场人作为组织中的细胞单元，企业管理的方法论和思维也能够迁移到个体的自我经营和发展中。所以，这也是为什么我会在本书的阐述中运用大量的商业案例，这些商业案例是为了"借假修真"让你理解其中的思维模型，有些经验更是可以直接迁移到个体的发展中，希望你能够细品其中可迁移的思维方法论。

超级单兵成长罗盘，可以在你的蜕变之路上给予如下的帮助：

- 找切入点：帮助你探索从单兵到超级单兵可以从哪里切入；
- 路径策略：成为超级单兵必经的六个路径，及其关键策略；
- 盘点差距：盘点自己与超级单兵的差距，知道努力的方向；

• 动态平衡：学会如何通过内在与外部的动态平衡实现内外和谐。

超级单兵成长罗盘，由"三层盘圈"构成，分别是内核层、路径层、环境层。

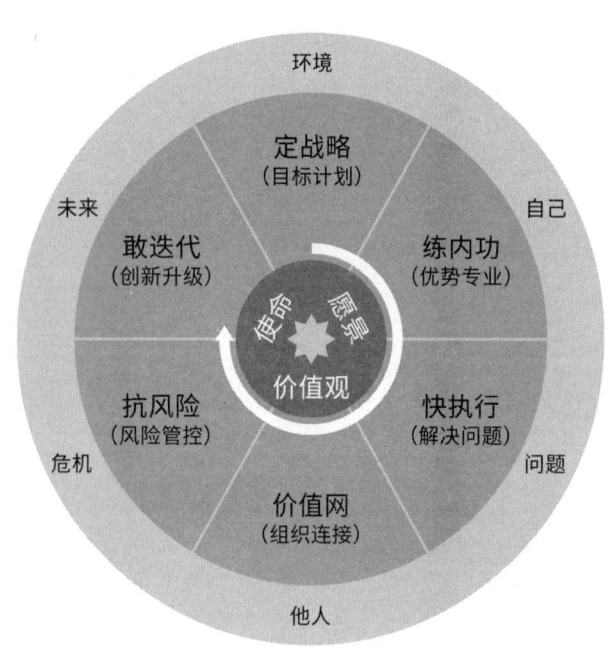

图 1-6 超级单兵成长罗盘

内环：内核层。

内核层，其实就是超级单兵最为核心的、自己内在的部分，由人生的使命、愿景、价值观组成。

- 使命，就是你人生事业的意义和目的。
- 愿景，就是你是谁，未来想要成为的样子。
- 价值观，就是你认为重要的价值，也是评判标准。

这些听起来比较虚的信念层面的东西，其实对我们人生的过去、现在和未来潜移默化地起着非常重要的作用。如果能够更早、更清晰地认知自己的使命、愿景、价值观，会帮助你形成支点，在不确定性中找到确定，形成对目标的定力，也会帮助我们最终达到既有外在成功，也有内在和谐的更好的自己。

外环：环境层。

最外面一层是环境层，是影响我们成长发展的外部因素。构成的要素有：

- 环境：包括宏观环境，比如政治、经济、技术、社会等，或者你所处的行业、企业组织、部门团队的环境，以及这些环境的需求和变化；
- 自己：这里指"外在的自己"，比如社会身份、角色标签等；
- 问题：外部环境所造成的需要解决的问题或障碍；
- 他人：需要协同的组织内、外部的团队或合作伙伴；
- 危机：突如其来的危机，以及可能造成的影响；
- 未来：短期、中期、长期可能发生的新趋势。

环境层的这些因素本身，大部分并不为个体意志所左右，很难直接去控制和改变。所以，超级单兵更多需要面对它、接纳它、洞察它，尽可能识别环境因素所带来的机会点和风险点，提前布局应对策略，能够实现动态平衡。

中环：路径层。

路径层，是连接内环与外环的中间层，也是我们自己可作用的一层。

路径层，顾名思义就是一步步成为超级单兵的实践路径，通过这一环的路径模块，无限接近内在的自己与外在环境因素达到统一的最佳状态。

路径层，由六个模块组成，也是本书后面所重点阐述的六个章节。

第一模块，定战略。借用企业战略的思维模型，帮助超级单兵做更好的职业选择，思考工作的意义，并具体落到年度目标和策略中。好战略也会成为成长罗盘中的"指北针"，在动态变化中让你不忘初心，坚持走到心中的目的地。

第二模块，练内功。超级单兵需要建立自己立得住的支撑点。这个模块会告诉你如果舍九取一，什么是超级单兵最先需要炼的？用什么策略，如何炼出来？

第三模块，快执行。执行是让战略落地开花结果的关键。这个模块告诉你执行中不要踩的坑，如何能够在快执行过程中解决问题。

第四模块，价值网。超级单兵不是单兵作战。价值网，可理解为实现目标所需要的组织连接，包括团队、合作伙伴、客户、网络流量等。这个模块会告诉你什么是价值网，如何让价值网成为增长杠杆，实现快速甚至指数级发展。

第五模块，抗风险。这个模块相当于给快速奔跑的超级单兵一个"减速带"。会帮你梳理如何识别风险，建立风险内控系统，让自己在快速变化的不确定中避免大的危机。

第六模块，敢迭代。只有迭代，才能进化，唯有进化方能拥有未来。自我进化不仅需要革自己命的勇气，更需要正确的路径。这个模块会迁移企业创新迭代的原理，让你获得自我迭代路径和方法论。

了解到超级单兵成长罗盘的构成要素，如何用好成长罗盘来指导自己呢？

04 成长罗盘使用指南

在成为超级单兵的路上,我们可以拿成长罗盘作为仪表盘来做规划和复盘,建议每年全面深度地梳理一次,每个季度复盘一次。你可以按照下面的四个步骤来使用成长罗盘。

第一步,找"切入点"。

切入点,就是确定从哪里出发,成长罗盘以什么为基点,优先成长哪一个模块,并且在较长时期内坚持不变。

假如,你是要开启新的事业,或者正在重新梳理发展规划,那么最理想的状态是,从最内的内核层出发,尝试提炼出人生的"使命、愿景、价值观",从而切入到路径层的第一个模块"定战略",再顺时针转盘到第六模块"敢迭代"。

这当然是最理想的状态。但现实往往是迷茫的、骨感的,甚至残酷的。一来,并非所有人出发时就那么清楚自己的人生使命和战略。大部分其实是不知道目的地和自己想要什么,是走着走着才逐渐清晰起来的。二来,即便有的人知道自己的梦想,能够确定使命和愿景,但在现实面前有时候需要做些暂时的妥协。通常,只有极少部分人可以从内核层进入,大部分人还是会在迷茫中边走边想的。

所以,你大可不必因为自己的迷茫而焦虑。你完全可以选择从其他模块确定"切入点"。比如,你虽然没想好方向,但在某个专业领域具备优势,就可以从第二模块"练内功"开始。或者,你眼前摆着一个看起来不错的工作机会,你可能需要先干起来,就先从"快执行"开始。如果,你身边有贵人,也许刚好能帮助你找到新工作或者创业,你也可以从"价值网"入手。甚至,像特斯拉创始人马斯克那样从最后一个模块"敢迭代"切入,从颠覆传统汽车行业开始。

发现了吗?其实,想要成长为超级单兵,首先就要找到属于自己的那个"切入点"。那个切入点,在一定时期内会成为你赖以发展的基石,甚至会成为竞争中的护城河。

但,无论从哪个模块切入,我依然强烈建议你在奔跑的路上不要忘记同时不断思考完善其他模块,特别是内核层的"使命、愿景、价值观",哪怕当下没有清晰的答案。相信我,一轮一轮的思考一定会带给你更快的成长、更好的结果。

第二步,找"路径"。

不管从外部机会,还是从内在的召唤出发,你都要进入"路径层"。

在路径层,你可以从"定战略"开始顺时针梳理和规划,将每个模块的策略变成你具体的行动计划。如果在阅读本书的过程中,你能做好下面两件事,就一定会有意想不到的收获。

第一件事，学会一个关键策略思维模型。

在每个模块中，都会出现一个关键策略思维模型。请你理解这个策略的含义，结合自己的工作对思维模型进行刻意练习。

第二件事，认真回答问题。

在每个模块中，我都会时不时提出问题，请你不要略过，而是认真回答这些问题。如果你从没想过这些问题，说明你可能存在思维盲点，需要寻找到属于自己的答案。如果你已经有了答案，那就请对照罗盘中的内核层和环境层因素，看看在那些因素的变化影响下，你是否依然坚持过去的答案。

第三步，找"差距"。

对照成长罗盘，你可以盘点自己目前的发展现状，找到差距。

如果，你发现自己在任何一个模块上都做得不太好，那就建议你按照书中章节的顺序一步一步跟着流程重新梳理。

如果，你觉得在一部分模块上有些欠缺，也可以去先读那个章节。

如果，你觉得有些模块很难补短，那就需要其他人的能力集成。例如，你可能很擅长具体细致的工作，那些使命、愿景之类的概念无法自己提炼出来，那就请教专业的教练帮你梳理和突破。

第四步，找"平衡"。

成长罗盘中的三层环并不是静止的。罗盘实际上是三个同心圆，是可以动态转动的。因为世界在变，你自己也在变，战略与执行路径都可能随之发生改变。我们平衡的目的是，找到内外和谐的方向以及匹配的实现路径。

因为这三层之间的不和谐会带来负面影响。比如，当环境层与内核层不和谐，就算你遇到外部机会成功了，但自己的内心未必幸福快乐。当内核层与路径层不匹配，那么你会干着干着觉得没意义，或者做事跑偏，而不是指向真正目的地。当环境层与路径层不匹配，你就会无法顺势而为，瞎努力却没成效。

因此，定期或不定期需要复盘和校准。你需要问自己三个问题：

Q1：我的初心有没有改变？（内核层反复确认）

Q2：我正忙活的是不是指向初心，有没有偏离轨道？（路径层与内核层校对）

Q3：外部环境有没有变化，是否需要调整路径？（路径层与环境层校对）

这个调整不是一轮就能完成的，是一个长期动态调整的过程，达到无限接近三层圈盘实现和谐的最佳状态，在你走向成功的同时遇到生命充盈的自己。

当然，现实的世界远比我们能够写在书里的故事和思维模型要复杂得多，每个人的成事与否也都有众多变量在影响着结果。但如果你能抓得住成长罗盘里的核心变量和原则，至少我敢保证你可以工作得更笃定，生活得更通透一些。

人，之所以恐惧是因为方向未知，之所以焦虑是因为不知道怎么办，之所以有无力感是因为手中没有工具。希望成长罗盘可以在你成为超级单兵的路上，成为你的向导、你的工具，陪伴你探索目的地，告诉你有什么可能的选择，友情提醒不要踩的坑，帮助你提升所需要的能力。

来吧，带上成长罗盘启程，踏上超级单兵的进化之路吧！

05 重点笔记

超级单兵

职场中具有独立性、品牌性、进化性的超级物种，他们不被时代淘汰，活得好且活得久。

超级单兵的四个转变

• 新追求：从普世的"外在成功"的追求，到自定义的"内在实现"；

• 新发展：从组织内"垂直向上"的发展，到超连接中"个体崛起"；

• 新能力：从单一的"模块能力"的技能，到数字化的"集成能力"；

• 新财富：从被动的"单一工资"的收入，到主动创造"组合财富"。

超级单兵成长罗盘

• 内环：内核层；找到"使命、愿景、价值观"为核心的内在自我。

• 中环：路径层；实现内在自我的路径，由定战略、练内功、快执行、价值网、抗风险、敢迭代六个部分组成。

• 外环：环境层；影响成长发展的环境、自己、问题、他人、危机、未来六大外部因素。

第二章

定战略：终点即是原点

战略，如天空的北极星，仰望星空，指引方向
战略，是你手中的地图，脚踏实地，计划行动
笃定方向，你的选择不会纠结，懂得有舍有得
不忘初心，你的征途没有抱怨，征服迷茫挑战

这几年非常流行一个词叫"VUCA时代",是宝洁公司首席运营官罗伯特·麦克唐纳借用军事用语来描述新世界的状态。VUCA是不稳定(Volatile)、不确定(Uncertain)、复杂(Complex)、模糊(Ambiguous)的缩写。

在这样"紊态"的VUCA时代,不管是企业还是个体都面临着前所未有的迷茫和挑战。我们如何掌控自己的命运,成为那个自己想要成为的真正的自己?

为此,我近距离访谈了很多优秀的人生赢家,也作为顾问和教练帮助过遇到问题和困惑的学员。我发现,固然每个人的故事各不相同,但有一点,大部分人和事的结局看似偶然,却早已在原点埋下必然的种子。

于企业而言,"做企业的初心和使命"既是原点也是终点。它决定了做什么产品,招什么样的人,做成什么样的事,之后再做什么,最后又怎么走向消亡。就个体而言,"想要过什么样的人生,成为什么样的人"既是终点也是原点。它决定了你选择什么职业,创什么事业,结交什么人,最后是否对自己的人生满意。

终点即是原点,原点也是终点。

想清楚每个阶段的"原点"和"终点",找到连接它们的路径，这是成为超级单兵要解决的重要的核心命题。我把它称之为超级单兵的"战略"。

01 超级单兵的"战略"

一直以来，我们认为想获得人生成功，就是设定目标并为此全力以赴。好像只要勇敢地定个目标，足够努力就能实现。但真相是，梦想谁都有，但并不是所有努力的人都能实现。那到底差距在哪里呢？是不足够努力，还是运气差？

其实，差距就在大部分人并没有战略设计。这就如同手上没有地图，不知道自己现在在哪里，要去往哪里，更不知道如何穿越充满挑战和危机的黑暗森林。

那到底"战略"是什么？

搜索"战略"这个关键词，你能找到很多种权威的战略大师的学术定义，但我们可以用最简单的字面拆解来理解战略的含义。

"战略＝战＋略"。

"战"，就是战场，决定"在哪儿战"；

"略"，就是谋略，决定"如何战"。

战争中，战略就是选好优势战场，基于战场的环境，设计和调整策略，从而实现胜利，完成使命。商战中，被誉为中国企业家教父的联想的柳传志先生也早已提出著名的"定战略、搭班子、带队伍"的管理三要素，明晰了定战略在企业发展中的重要性。

人生的各个发展阶段，也同样需要战略的设计。定战略，不仅能够帮助你理性地做出重要的选择，找到驱动的力量，也能有策略、有计划地实现目标。

定战略，定的是什么呢？定战略，需要理清楚三个基本问题。

- 做什么？
- 为什么？
- 怎么做？

英国著名作家J. K. 罗琳说："决定我们成为什么样的人，不是我们现在的能力，而是我们的选择。"(《哈利·波特与密室》)定战略，就是选择你自己的"终点"和"原点"，从这两点出发，选择"做什么、为什么、怎么做"。

首先，从"终点"出发。

"做什么"的终点，就是"愿景"。你有没有想过自己5年后、10年后甚至更远的未来成为什么样子？愿景，就是你未来想成为的样子，也可理解为长期目标。

"为什么"的终点，就是"使命"。你为什么心甘情愿要去做某个工作？为什么明明知道艰难还要去创业？这背后存在一种力量叫"使命"，小则一个项目的使命、一份工作的使命，大则人生的使命，你的使命可以帮助找到做事的意义。

"怎么做"的终点，就是"价值观"。价值观，指的是所推崇的价值排序，也就是什么对你更重要。比如，你觉得财富重要还是自由价更高？你认为客户重要还是公司利益重要。价值观，小则是你做事的原则，大则是人生的价值标准。

所以，从终点出发，战略就是探索属于自己的"使命、愿景、价值观"。这也是超级单兵成长罗盘中内核层的三个要素，帮助我们找到真正的内在自我。

其次，从"原点"出发。

在原点选择"做什么"，就是一种定位。如德鲁克说："战略不是研究我们未来做什么，而是研究我们今天做什么才有未来。"你今天在原点做什么就会有什么样的未来终点。当然，对于那些已经非常清楚使命、愿景、价值观的人来说，今天做什么都是指向于此。

在原点思考"为什么"，就是梳理自己的内在驱动，什么是你做事的契机和动力。最强大的内驱力是来自使命、愿景、价值观。但如果没有想清楚这些，就要思考自己从哪里切入,能让自己启动起来,因为什么自己会富有激情。

原点上思考"怎么做",就是确定每一个目标、每一个策略、每一个计划。有了"目标、策略和计划",你就知道如何配置自己的资源,知道自己的时间、精力应该重点放在哪里,需要什么样的人,投入多少资金成本。一步一步,到下一个路口,你就会又看到下一个目标,最终这些叠加起来会成为你的未来。

所以,从原点出发,战略就是确定今天的"选择、目标、策略和计划"。

总而言之,战略如同天上的"北极星",让我们仰望星空,知道该往哪个方向走。战略也是手中的"地图",让我们脚踏实地,知道如何迈出每一个脚步。

战略,真的那么神,会让我们的未来有所不同吗?

02 征服迷茫与挑战的力量

早上6点,从北京城外挤地铁挤电梯狂奔赶着去打卡;

上班996,靠数不清的浓咖啡勉强"续命",泡在永远忙不完的任务中;

直到午夜,老板还发微信、发钉钉,还不忘给灌心灵鸡汤；

　　分分钟都想辞职，但想想快要交房租了，花呗也还没还，算了。

你，是不是也这样日复一日地上班、加班，迷茫、没劲却无力改变？

　　这是小欣的日常。小欣，是我客户的一名员工，211大学研究生毕业，长得也很漂亮。教育背景不错的她，找份养活自己的工作并不难。她一毕业就进了一家不错的公关公司，可做了小半年觉得太辛苦就跳槽了。

　　跳来跳去这已经是她毕业5年后第5份工作了。称心的衣服还能穿上几年呢，这工作为什么总是换来换去也都不如意呢？眼看着自己大学同学一个个高升主管，她开始焦虑，也很迷茫，主动找到我接受辅导。她很想改变自己的状态，但不知道该怎么改变，是该再一次跳槽呢？还是去读个MBA什么的？

　　我没有急着给她答案，先问她："如果你不满意现在的状态，你能和我描述一下，在理想状态下，5年后的你的一天将会是怎么度过的？"

　　前面一直很健谈还不停抱怨的她，突然沉默了，神情开始变得沉重起来。似乎她从来没有想过自己未来的样子。应付每一天快节奏的日子，完成别人交代的任务，根本没有精力去仰望星空，想自己的未来，想自己真正想成为什么样子。

她苦笑了一下说："想那么远干吗，我每一天都很努力，只要认真地生活总归会有好结果的吧。"

不！未来给认真努力的人打一记耳光的时候，你会感觉更疼更冤。

大锋，是我清华大学 MBA 的同学，曾在某大型国有企业做得顺风顺水。他多年来干起工作那是认真负责、兢兢业业。工作狂的他人生词典里都没有"休假"这个词。天道酬勤，不到 35 岁就已是分公司副总，这在国企那是大有前途。可是，就在他刚提拔为一把手没多久，被卷入一场事件中需要担领导责任，位子还没坐热就被降级调到一个可有可无的虚职，再想升起来几年之内是没戏了。

职场中的挫折让他感到愤怒、无奈，而后原本满腹激情的他开始颓废起来，美其名曰"想开了"。每次我问他最近忙什么，他总说："嗨，我正叫了几个兄弟打麻将、喝酒。你随时找我，反正我也没事干，现在有的是时间。"

他说得很轻松，但我却能感受到他内心的不甘。我很清楚他的工作能力，也相信他未来一定会有所作为，但为什么这一回合被打趴下，眼睛里就失去了光？

小欣和大锋都是我辅导的真实案例。为什么，小欣毕业起跑时本来很优秀，却像浮萍一般，迷茫、焦躁、没能发挥她的潜力，获得更好的职业发展？为什么，大锋的前半生很顺利很成功，遭遇挫折后就放弃奔跑了呢？

我们每个人又何尝不是小欣，天天累死累活扑灭眼前的火，内心总有个声音问自己："我干吗呢？这么累是为了什么？"我们又何尝不是大锋，明明能力强也很努力，却常常遭遇各种坑，有个声音就来安慰自己："嘿，想开点就这么着吧。"

这，就是缺乏战略目标的指引，缺乏战略力量的支撑。

经过多次一对一深度对话，小欣和大锋都各自梳理出了未来三年发展战略以及更具体的年度目标和策略，并把它整理到一张 A4 纸上。

我告诉他们，别小看这张 A4 纸。它会告诉你如何去做重要选择，哪个选择是最优解。它也会在那些看似不起波澜的日复一日中，让你看到坚持的意义。它会给你力量去征服新的挑战，也会在黑暗中陪伴你前行。它更会很神奇地吸引你所需要的资源和机会。当你想好想去的终点，全世界都会来帮你。

梳理完战略，大锋选择了离开原来的公司重启人生。半年后的一天，他打来电话兴奋地说："你是对的！你是对的！定战略真的很管用。告诉你个好消息，我刚拿下一个智慧城市 5000 万元的大项目。真的感觉全世界都在帮我。"

我真心替他高兴，不仅是因为拿下大项目，而是他已经找到了自己的战略目标并一步步落地。这种状态让他的生活也发生了积极的改变。他开始长跑，减掉20斤的"油腻"，看起来年轻了十岁。2020年，各行各业由于新冠疫情都处于很艰难的时期，他却带领团队获得了阿里巴巴集团的投资，公司估值20个亿，已经提交了上市申请。

小欣，梳理完战略反倒就不再跳槽了。我陪跑客户公司的那两年间，她连升三级成为总监。她不再盲目跳槽，开始有目标、有策略、有计划地工作。她说，当时画出来的三年后的样子已经提前一年实现了。如今，她已经有了下一个目标。

这，就是战略的力量。《好战略，坏战略》中理查德·鲁梅尔特说："好战略不仅能敦促我们实现某个目标或愿景，还能清楚认识到当前的挑战，并提供应对挑战的途径。挑战越大，好战略就越需要集中和协调。只有这样，我们才能获得竞争力，才能解决问题。"

有了战略的力量，更进一步，一个人的生命状态也会发生改变。战略带来笃定的力量，在混沌中不再迷茫，黑暗中不再恐惧，会带你走到积极改变、敢于挑战的正向循环之中。

你也想改变吗？那先问问你自己，你的人生有战略吗？如果有，是不是好战略？如果是好战略，你把它落地成现实了吗？

03 定好战略的四个视角

既然每个人都需要人生的发展战略,那么我们该如何去设计这个战略呢?

战略大师亨利·明茨伯格说:"很多人对战略的认识就如同盲人摸象,没有具有审视整个大象的眼光。战略本身,就是处理全局性的问题。"想要从全局考虑战略,就要从下面四个视角出发。这四个视角既是定战略的出发点,也是设计出好战略的基本原则。四个视角缺一不可。

- 定位视角:确定优势,选择战场;
- 计划视角:要有计划,更有计谋;
- 能力视角:聚焦资源,击穿目标;
- 进化视角:自我赋能,战略升级。

第一,定位视角:确定优势,选择战场。

从定位视角来看,定战略解决的是"在激烈的竞争中如何存活下来"的问题。

推荐一部历史电影《鸣梁海战》。鸣梁海战在朝鲜历史上是非常著名的以弱胜强的一次朝日之间的对决。朝鲜能以12艘战舰打败日本数百艘战舰,绝对是战略上的胜利。表面上看,日本舰队数量直接碾压朝鲜,但朝鲜舰队却有一个关键优势，就是单艘战舰的战斗力强。如何设计，才能最大化地发挥自己的优势？朝鲜舰队找到了一个可以"扬长避短"的地方，就是鸣梁海峡。鸣梁海峡水流急且十分狭窄，创造一对一对决的机会，就能极大地发挥单艘战舰的战斗力优势。

这，就是选择了对的战场，最大化地发挥自己的优势取得的胜利。所以在战略上定位的时候，不一定要去跟风，不一定要去硬拼，更应该找到自己差异化的优势，找到那个最能够发挥你优势的战场。

那问题来了，对你而言，你的优势是什么，哪里又是你的战场呢？

第二，计划视角：要有计划，更有计谋。

从计划视角来看，定战略解决的是"如何将战略意图转化为目标，并有策略地执行"。

多年前，我曾作为股东参与过 HR COFFEE，一个 HR 社群众筹的咖啡店项目。第一家店开张时，借着社群经济的风口，很快就在业内和周围商圈打出了名气，三个月就实现盈亏平衡。管理团队准备通过资本融资三年开出 100 家连锁店。

但准备第二家时就陷入了困境。单店销售额不增反降，储备的资金也烧不起了。面对挑战，股东和管理团队有不同的认识。有人认为我们的问题是"如何更好地提高客户体验,加强服务培训",有人则认为"探索新的增长点,增加早餐服务",还有人认为是"运营管理差,应该更换更专业的店长"。每一种看法都暗示着应该采取相应的措施,并认定其在应对挑战的过程中居于首要地位。

无人能够准确地确定"问题"的真正所在,无人能拿出明确的目标和行动方案。确实,在错综复杂的局势和挑战面前,能够洞察到真正的"问题",并把它转化为行动策略和计划才是定战略的本事。没有清晰明确的战略,再加上过多的股东很难统一思想,最终咖啡店撑了四年后宣布关闭。

发现了吗?我们缺的并不是目标,而是找到真正的问题和计划方案。我们缺的也并不是做计划的动作,而是设计好计划的计谋,又称"策略"。职业发展也一样,很多人以为拼命工作就能脱颖而出,其实关键在于有策略地解决关键问题。

思考一下,目前阻碍你发展的"关键问题"是什么?如何解决?

第三,能力视角:聚焦资源,击穿目标。

从能力视角来看,定战略要解决的是"如何有效配置资源,构建支撑战略落地的能力"的问题。

赶集网前COO(首席运营官)陈国环曾在一次管理论坛中分享过他做战略变革的案例。那时,他刚刚走马上任,看到账面上剩余的资金不多了,需要快速融资并找到业务增长点。在这之前,赶集网做了房产、招聘、租房、服务、二手车等十多条线的业务。连广告词里也说"啥都有",但"啥都有"等于"啥都没有"。

所以陈总到赶集网做的第一件事就是换战略。哪一个环节才是能够撬动整个平台的核心点?入口到底是哪里?最后,他们觉得一个人从学校毕业,肯定要先去找工作,找完工作才有钱去租房子、买车、享受服务。所以决定聚集所有资源砸向招聘。结果,在春节期间招聘业务单日流量从2000万暴增至最高9700万。

陈总日后总结说:"战略,说穿了就是六个字'选择、聚焦、击穿'。"

任何企业都是资源有限、能力有限,即便那些做了多元化的集团公司,也是先聚焦资源,击穿一个再拓展下一个,而不是分散火力去攻克多个高地。

个人也一样,也需要有效配置自己有限的时间、精力和能力,在一定时期内就聚焦到一个领域去击穿它。

那么,请你盘点一下,目前你的能力是不是聚焦在关键的战略目标上?

第四,进化视角:自我赋能,升级战略。

从进化视角来看,定战略解决的是"如何在变化中持续升级"的问题。

海湾战争中，伊拉克带领 10 万大军仅用两天时间集中拿下了被誉为"海湾明珠"的科威特，这是典型的集团化作战战略的胜利。他们选择了科威特战场，用自己的优势击穿成功，为保住胜利还用举国之力扩张军备，大规模修建三道防御阵地。但为什么他们在短短半年之后就被多国部队给击退了呢？

以美国为主的多国部队没有墨守成规打城市战，而是先进行"空中打击"，不仅切断伊拉克的通信系统，还从航母发射导弹，精准打击装甲师，让伊拉克的机械部队瘫痪。而伊拉克却依然采用传统的挖战壕、垒碉堡、埋地雷等方式。

这，就是战略没能够升级。环境在变化、竞争对手在变化，如果不进行战略升级，早晚都会被打败。

哈佛商学院的约翰·R.韦尔斯教授提出过，三流的战略是无视变化，被变化所抛弃；二流的战略是跟随变化，能够应对变化做出快速改变；一流的战略是创建变化。

据统计，也就只有 5%～10% 的人或企业能够做到一流，有意思的是，那些定过一流战略的人和企业在成功之后，往往也沦落到大多数的二、三流，也产生战略惰性。

因此，从进化的角度，要提醒自己不断自我赋能，升级战略。

请你思考一下，在这个移动互联网时代，你的发展战略有什么调整？

总而言之，定位视角、计划视角、能力视角、进化视角，这四个视角构成定战略的全局视角。它们并不是独立或替代的关系，而是互补的关系，不能舍弃任何一个视角。这四个视角也是你自己判断现有的战略是不是好战略的原则。

有了定战略的出发点和原则，我们该如何定出自己的发展战略呢？

04 定战略的四个关键

常常有学员咨询："未来做什么工作有前途？""我应该选 A 公司还是 B 公司？""我要不要考 MBA？"其实，这些问题最终还是由你自己来"定"。作为顾问所能给的就是思考的框架和工具，帮你梳理已经在你大脑和内心的想法。

就像我们去给企业做战略咨询，顾问可以帮助企业做行业调研、竞争分析，甚至也都能给出企业应该如何经营的建议方案。但，最终真正的"定"，是领导者的决策。也只有领导者自己笃定地决策，才能坚定地执行并坚持下去。

因此，定战略，是一个自我决定。

那定战略，需要具体"定"下来什么？

定战略，定下的就是回归到战略的三个基本问题：做什么、为什么、怎么做。并把自己的决定分解到每一年的具体计划中去,我把这个计划称之为《年度策略地图》。这是将"战略"这个听起来"虚"的东西落地到纸面上的"实"的计划。

定战略的过程,你需要分析和决定下面四个关键:

- 战略选择:向外看,选好外部机会;
- 战略驱动:向内看,开启内在驱动;
- 战略路径:向上看,设计发展路径;
- 战略执行:向下看,掌控年度计划。

战略选择:向外看,选好外部机会

为什么从同样的学校毕业,几年后同学之间却是截然不同的发展结果?

《孙子兵法》讲得好:"善战者,求之于势,不责于人。"有时候我们累死自己也没能做出名堂,其实是出发时战略选择就没做对。

想想你是如何选择工作的呢?活少、给钱多、离家近、环境好、HR小姐姐漂亮?符合这些标准的真的是对你未来发展最好的选择吗?一个人的未来,就是在每一个分岔路上的"选择"叠加而成的结果。

那好的职业选择应该考虑哪些方面呢？以赛车场来比喻职场，我们需要考虑赛道、赛车、赛车手和观众这四个要素。

第一，赛道。你选对行业了吗？

在高速路跑还是在泥泞路上跑结果截然不同，好的赛道会帮助你提速发展。

刘总，福能集团董事长、《勇气可佳》作者，不到30岁时就赚到一亿元。我们曾同出现在天津卫视《非你莫属》的职场真人秀节目中，他是常驻BOSS（老板），我是HR专家嘉宾。我们常常告诉应聘的职场新人进入一个好行业有多么的重要。

刘总自己就是样板。在德国留学期间，他兼职做导游赚生活费。有一次，他接待了来自中国的商务考察团，考察德国的太阳能产业。虽然只是导游，但他这一路跟下来，发现这个行业是个朝阳行业。德国在太阳能领域具有技术优势，加上自己的德语优势，他觉得这是好机会。他代理了德国品牌并很快打开了销路，这让他赚到了人生第一桶金。后来太阳能产能过剩，他也迅速调整战略更换了赛道。他说，自己的阶段性成功其实不是自己有多牛，而是选择了一个好赛道。

所以，请你时常看看自己所处的赛道未来是不是有足够的成长空间？如果判断需要转型的时候，可以考虑下面两种转移方式。

第一，你的行业上下游价值链中还有哪些机会？比如，原来是做服装面料，跳到零售店或者服装电商等。你可以从低附加值的领域跳到高附加值领域。每个行业都有关键的价值链条，抱那些关键价值链上的企业的大腿是个不错的选择。

第二，你的行业还有哪些风口有机会尝试？但请注意，虽然说是风口上猪都能飞起来，但实际上遇上风口不过是锦上添花。比如我的一个清华校友在运动健身风口上凭借15页PPT就融资创业了。但后来一直没能找到自我造血的业务模式，等到风口过去没能持续融资就干不下去了。所以，风口固然重要，更重要的是趁风口打造真正可以让自己飞的核心能力才是王道。

你现在的赛道，是未来有足够上升空间的吗？

第二，赛车。你选择对了公司及模式了吗？

同样的好行业，为什么有些人跑出来，有些却没有，这就是赛车的问题了，也就是所在公司以及这个公司的模式。

金同学，是我的学员，大学毕业后进到一家韩国公司做销售。年轻时他除了快点赚钱并没想过发展。到了30岁，他觉得虽然销售来钱是快，但这几年除了渐长的酒量之外没什么长进。人往高处走，他也想去更好的平台历练发展。

经朋友介绍，他拿到了同行业两家公司的offer（录取通知)。一家是韩国大财团S集团,另一家是中国J公司新设立的移动平板事业部。S集团坐落在北京长安街,开出的薪水是J公司的1.5倍;J公司在离市区很远的开发区,刚起步的移动平板事业部除了上司就是自己,挑战很大,前途未卜。如果是你,会选择哪家公司呢?

家人劝他去财大气粗更稳定的S集团,但他却选择了薪水更低的J公司。论规模论名气中国的J公司远不如跨国集团,可他相信,随着中国的崛起,作为全球布局智慧产品和智能物联网领域的头部,中国公司一定有很大的上升空间。果然,公司提供了体系化的培训和考察学习机会,所接触到的客户和合作伙伴也都是全球最顶尖的头部公司,能够打开国际视野。

2020年是他进入J公司的第八年,他已经从初级员工成长为带领几百人的事业部副总。我约他见面,常常得到的回复要么是今天在美国硅谷谈项目,要么明天和韩国三星谈判中,谈的也都是上亿元的大项目,格局和能力都已今非昔比。

当我问他对当初的选择做何感想,他露出一丝得意的笑容:"当初我就觉得这个公司未来很有潜力。这些年我也接触到了这个行业全球最牛的玩家,学习了很多前沿的东西,而且随着团队的壮大,也倒逼我学习管理,我很感恩我的公司。"

都是同行业，他当初如果进入 S 集团或许也不会太差。但他选择了具有未来潜力的好公司，与公司一同实现了比预期更快的成长。

这，就是好赛车的力量，为你赋能，带你加速。

那么请你问问自己，是不是上了具有上升空间的好赛车呢？

第三，赛车手。你跟对靠谱的人了吗？

有人看"好行业"，有人投"好公司"，有人就坚持跟对"老板"。

遇见丹丹是在十年前的一个沙龙上。干练的短发，炯炯有神的眼睛，语速超快，一看就是那种"不安分"的姑娘。茶歇时间我们闲来聊天："你是做什么工作的呀？"她回答道："现在在一家 PC（个人计算机）公司做市场营销，但我以后很想创业。"

在那之后，我听说她很快辞职，跟着总监一起创业，心想姑娘还真挺有勇气。每年我总能和她见上几面，每次都见她折腾不同的项目。今天接市场推广，明天经销品牌白酒，后天谈代理家具，说实话那时候没太看懂她到底在做什么。

三年前，她请我去他们公司讲课。这时，我才认真了解她到底在做什么。原来，前些年趁电商迅猛发展之势，她跟着老板做了一家第三方运营公司，并成功带火了某家居品牌，创造了该行业天猫销量冠军的好成绩。可想而知，之后各类品牌商家纷纷找他们做代运营。

培训课程开始前，CEO（首席执行官）向全员激情宣贯未来5年的战略目标，要成为中国最专业的360度数字营销公司。原来，这位就是当年她跟着一起创业的那个老板。他描绘着宏伟蓝图，看起来既有格局，也很实干，还愿意分享蛋糕。十年来，丹丹作为他的左膀右臂一起打拼，不仅成长为副总，还获得了股份。当公司被上市公司收购时，这个曾经5000元起薪的姑娘就一下子获得了500万元的回报。

2019年年底，我去她公司调研，此时的她正在长江商学院就读，忙着写毕业论文。我问她："如果让你告诉创业者一个秘诀的话，你会说什么？"她说："我其实就是跟对了人才有的今天，找到那个有格局又实干、值得跟的老板或合伙人很重要。"

当然，或许有些人自己就是那个带领别人的赛车手老板，而对更多人而言，与那个值得跟的赛车手绑在一起也是不错的选择。因为，生意可以换，模式可以变，但终究都是人做出来的，真正好的领导者早晚都能带领大家做出成就来。

你找到了人生发展路上值得长期一起做事的靠谱的领导或者合伙人了吗？

第四，观众。你要服务的客户是谁？

所谓观众，就是你的客户，客户的需求在哪里，你的机会也在哪里。

Angela，是我的一个客户，她的经历让她很关注"女性"这个群体，总想为女性的幸福和成长做点什么。

对女性这个群体的关注加上有服装行业经验，她创办了 YULY 公司。不同于其他品牌，YULY 围绕着"她形象、她旅行、她成长、她健康"四大模块服务女性。"她形象"通过会员制销售服装；"她旅行"组织女性穿着漂亮衣服旅拍；"她成长"让女性学习成长课程；"她健康"围绕女性健康提供优质的产品。

那么她做的 YULY 到底是什么公司？服装公司？旅游公司？都不是！YULY 事业，就是先锁定女性人群作为客户，找到了她们的需求，确定了业务选择。

当然，你未必一定创业，选择职业也可以思考"服务于谁"的问题。比如，你关注儿童，可以选择加入教育企业；你很关注弱势群体，就可以加入一些非营利组织。对某些群体的共鸣和关注，洞察到他们的需求，想为这群人做些什么，这样选择的职业会让你找到意义和使命感。

你关注哪些群体？想为他们做些什么呢？

赛道、赛车、赛车手和观众这四个因素可以是面对机会、面对选择的考量维度。当然，世界上并没有"活少，离家近、赚钱多"的工作，也没有赛道、赛车、赛车手和观众都很完美的项目或事业。

阿里巴巴前 CEO 卫哲曾建议说，选择小公司，就着重看赛车手，也就是老板靠不靠谱；选择成长型公司，就要考量公司的商业模式有没有前途；选择大公司打工，老板也见不着，模式也基本成型，你一定要选择好的大赛道。

好的选择，不是贪婪拥有，而是懂得取舍。

战略驱动：向内看，开启内在驱动

真正好的选择，不仅是"向外看"外部机会，还要"向内看"自己的内在。

选择好的外部机会可以加速你成功，但能让你坚持并感到幸福的一定是内在驱动。如果，恰好你能找到"外部机会＋内在驱动"的事，那么恭喜你，一定会碰撞出巨大的能量，既能更容易地获得"外在成功"，也能获得"内在实现"。

分享四种常见的内在驱动，开启你自己的那股内在力量吧。

驱动一：热爱驱动。你真正喜欢什么？

"做自己热爱的事"大概是很多人都梦寐以求的理想状态。

乐乐，就是热爱驱动开启了新职业的人。她是"趣博物馆"的创始人，也是樊登小读者的讲师。听她有趣地讲解，很多人恐怕想象不到她曾是思科集团渠道负责人。她特别喜欢博物馆，刚开始是在微信公众号里分享博物馆藏品的一些趣事。后来，组织亲子博物馆游学，在业内渐渐有了名气，索性就辞职全职运营了。

很多人羡慕乐乐那样的人，做自己喜欢的事，看起来自由、快乐、毫不费力。羡慕之余，你真的理解"热爱"这个词吗？

热爱，不就是超级喜欢吗？乐乐自掏腰包独自背着4岁女儿游走50多个国家101个博物馆，为录制5分钟视频，大夏天穿着厚厚的cosplay（角色扮演）服装连拍15个小时，这些是简单喜欢就可以的吗？我们常常忘记喜欢前面还有"超级"，忘记喜欢背后是哪怕没有回报也要付出的极致投入。

热爱，不就是让我们快乐的事吗？我曾访问过一位著名小提琴演奏家。我问："您最开心的时刻是什么时候？"他说："在舞台表演获得观众热烈掌声的时候。"我又接着问："那您最痛苦的时候呢？"答案很有意思，他说："是我没日没夜反复练琴的时候。"原来，热爱也不是没有痛苦，如果扛不过那些痛苦的锤炼过程，可能你依然停留在喜欢的阶段，无法真正获得热爱带来的成就。

原来，我们大多数人并没有真正懂得热爱，是因为热爱不仅仅是与生俱来的快乐，而是通过极致投入、痛苦磨炼才能遇见的结果。

驱动二：资源能力驱动。我能做什么？

姜总，是我的一位企业客户。他毕业于某普通大学机械工业专业，打工时在几家IT行业企业工作，如今却是一家商业地产美食城运营服务企业的老板。

商业地产美食城，这个事听起来与他的专业和职业经历完全不相干，究竟有什么契机让他做这个事呢？原来，十多年前他刚从外企出来做了一家IT服务公司，一年就倒闭了。正当低谷时，有位韩国企业家说要建中央厨房做外卖，邀请他成为合伙人。那时美团、饿了么这些巨头还没崛起，恰逢2008年北京奥运会，接到韩国媒体记者团500份盒饭的订单。抓住了这个资源和机会，他积累了第一桶金。没过两年，他发现做外卖是打不过那些巨头的，所以借助这期间积累的商业地产企业客户和美食品牌企业的资源，快速转型开始运营商业地产美食城。

他总结道："我创业的开始就是因为有了那个投资人和中央厨房的资源，后来转型是因为有商业地产企业和最好的美食品牌的资源。当然，切入进一个领域之后怎么做那是我们自己的能力和造化了。"

确实，独特的资源可以成为一个新领域的入口。但请注意，所谓资源并不是认识谁就可以，也要看资源的独特性、可控性。同时，虽然可以通过资源驱动进入，但长期而言，借助外部资源构建自己的核心竞争力才是持久可控的。

盘点一下，你现在有什么资源能够帮助你切入一个领域？

驱动三：身份驱动。我是谁，应该创造什么价值？

我非常喜欢北京大学国家发展研究院 BiMBA 商学院院长陈春花老师。她曾经两度出山担任新希望集团总经理，不仅带领组织转型，也创造了不俗的成绩。但是，她说："我就是老师，即便出任总经理，我依然保留我的老师身份。"陈春花老师去企业也好，开公众号也罢，她的出发点都是基于"老师"这样的身份去创造价值。

这，就是身份驱动。你如何定义自己的身份？是一个设计师？产品创造者？知识传递者？抑或是一位妈妈或爸爸？

身份，并不一定局限于职业身份，也可以是性别、族群等。身份，也并非是唯一，更不是一成不变。每个人都有多重身份。比如，以我自己为例，首先，我定义自己为"企业的诸葛亮"，帮助企业成长，至于咨询、培训还是去企业任职都是形式和手段而已。其次，我是朝鲜族女性，我想帮助同族群的女性做些事，为此我也兼任爱心女性协会的理事和副会长，共同做一些公益事业。

所以，从自定义的"身份"出发，你就能看得见自己应该做些什么。

驱动四：信念驱动。我的使命、愿景、价值观是什么？

顺总，今年 72 岁，是我特别敬重的人生导师，她创办了两家上市公司。在我 30 岁的时候，觉得对下一步的发展比较迷茫，去找她请教，希望她能给我指一条明路，也想学习她的成功之道。

"您在我这个年纪的时候在做什么呀？"

"我在家门口开了一家小药店，周末去读药学课程。"

"那您是如何成为坐拥两家上市公司的企业家的呢？"

"你也许不信，我自始至终从未想过要赚多少钱或者当什么会长。我一直想，如何帮助人们保持健康。为此，我去读了医学博士，就有医药公司找我讲课，讲得不错就有人提议建立学习小组，定期分享医药知识。就是那个学习小组日后一起创立了连锁药店品牌。连锁药店发展得不错，我又想能不能预防疾病？于是，就有了保健品公司，趁大健康的风口就上市了。预防有了，但很多疾病依然没有药可以治，所以我就跑到美国创办了新药开发公司，后来在纽约证券交易所上市。"

我感叹着继续追问："您现在已经退休了，未来做什么呢？"

"我刚做了一家健康食品公司，针对癌症患者研发了一种既能补充营养也能抑制癌细胞的健康食品，未来还会推出适合心血管病、肥胖等疾病的健康食品。"

我真心佩服，一位70多岁的老人能畅谈大健康产业、大数据、生物医药等前沿发展，我更感叹她对人生和生命的理解。在时代和市场的变化下，变的是她的商业模式和产品，但从未改变的就是"为人们健康而服务"的人生使命。

你有没有想过自己能为这个世界为他人做些什么？你期待，5年后的自己是什么样子？对你而言，什么是人生最重要的价值？

到这里，你会发现决定"做什么""为什么"的其实是一个综合性的选择。有人从外部机会入手决定做什么，有人从内心出发决定奔跑，但不管从哪里出发做什么，都是走向终点的一个路径，是为世界、为他人创造价值的一种承载形式。

战略路径：向上看，设计发展路径

有人问，为什么我也很有目标，也很拼，但发展结果却并不如意？

那是因为，战略执行的时候没有设计好策略路径。这就好比爬山，目的地定了，信誓旦旦出发，但只管拼命奔跑，却不向上抬头看路，选择了不对的路径，会绕远、会掉坑，走着走着甚至会怀疑自己为什么出发，目的地是不是错了。

人生中，你做的每一份工作、每一件事连接起来就会成为你的路径，在这个过程中相比努力更重要的是，选择对的事，把事做对。

第一，你做的事是否与战略目标相匹配？

有很多人一年到头都非常忙碌，但没忙到点上。大量的战略失败有一半以上的原因是因为执行的时候没有能够与战略目标相匹配。

娟老师，是我的合作伙伴，经营一家教育咨询公司。结缘娟老师是在清华大学的宣讲会上，我当时作为清华大学MBA形象大使做了一场演讲。那时，她的主营业务是考研辅导和MBA培训，她就邀请我去讲课。MBA学员是各行各业的精英，我也愿意以课会友，所以同意工作之余帮她。后来我们不仅有合作，渐渐也成为朋友。

有一年，她很开心地说拿下了承办某大银行年会的项目。她发现，做年会活动利润还不错。第二年，她连续接了各种团建、客户活动、年会，但凡有活动她都接来做。可到了第三年，她却疲惫地来找我说："做一个活动看起来赚钱，但做很多活动需要团队和专业设备，成本也上升了。我不仅不赚钱，搞得自己还很累。而且因为太忙，原来的教育业务都基本处于停滞状态，你说我还继续做吗？"

我说："做或不做，不是眼前赚不赚钱说了算，而是看和你自己的战略目标是否匹配。如果匹配，不赚钱也得做，如果不匹配，赚钱也要砍掉。你希望把你的公司做成什么样的公司呢？是教育公司、培训公司、公关公司还是什么？"

她恍然大悟，她其实一直就很想做好一家教育培训企业。老师出身的她对于教育依然怀有着情怀，依然有着自己的核心竞争力。这个目标并没改变，只不过，随着环境和需求的变化，原有的业务模式并不能满足增长。我帮助她重新理清了使命、愿景、价值观，梳理出新的课程体系，对商业模式和营销方式也进行改革。

娟老师大力邀请我成为她的合伙人，还要给股份。听起来很不错，甚至我都能看得见在这里自己一年能赚多少钱。但，即使是赚钱的项目，即使和她关系很好，我依然选择了拒绝。因为，于我而言，这件事与我自己的战略目标并不匹配。MBA 培训既不是我的主赛道，也不是实现职业目标所必需的中转站。那么，作为朋友我可以帮她，但我不能作为合伙人把大量的时间、精力和资源放在那里。

请你也盘点一下，现在最主要的工作，以及摆在你面前的合作机会是不是直接或间接指向你的战略目标？如果是，请你集中资源和时间、精力去击穿它，哪怕暂时不赚钱。如果不是，请你敢于舍得，学会说不。

因为，战略，就是有所为，有所不为。

第二，你的路径和策略是否能带来成效？

选择了"做对的事"，有没有"把事做对"了呢？

"把事做对"，就是看你的努力有没有成效。"成效 = 成果 + 效率"，也就是你的路径和策略是否更有效率地达成期待的成果。

徐博士，曾是美国通用电气公司（GE）的高级工程师，2014年出来创立了宇墨咨询（Umore），想为中国环境企业提供技术咨询和并购服务。这固然是他的专业领域，也与使命、愿景是匹配的。但梦想很美好，现实很骨感。折腾一年后，他发现自己离开GE平台的光环，一个客户一个客户地去拜访也拿不到项目，公司一度陷入了危机。

第二年，徐博士调整了策略，开始聚焦在国外企业的需求。环境领域里，国外企业拥有领先的技术和产品，也非常愿意进入中国市场，却苦于不知道怎么进。基于这样的需求，徐博士定位自己的公司为跨境清洁能源技术转移平台，聚焦资源设计了一场战役，就是主办国际清洁能源技术转移与投融资峰会。区别于其他峰会，他在峰会期间安排商务对接，帮助客户达成项目合作。办了两届后就成为颇具口碑的品牌峰会。第三年就开始有了门票、赞助和广告收入，不仅实现盈利，更重要的是建立源源不断的高质量客户池帮助他们更有效率地挖掘项目机会。

徐博士能够打开局面，最关键的策略是寻找到正确的客户群，并从客户需求出发，采取了以点带面的有效策略，才能迅速突破。

那么，请你也想一想在现在所做的工作上，有没有掌握一套能让自己有效率地拿成果的策略方法？

第三，你的路径是否让自己未来更值钱？

过去和现在做对的事，也把事做对了，是不是就顺着这个路径走就对了？

佩佩，是我的大学同学，曾供职于上海通用汽车做财务管理。她的前半生看起来真是做对的事，把事也做对了，从全球著名的战略咨询公司埃森哲的咨询顾问到上海通用汽车的亚太区税务负责人，她的职业发展是好多人羡慕的路径。

可在她35岁那一年，她辞职了，和合伙人一起创立了精油护肤品牌"花萃泉"。大家不能理解为什么放弃光鲜的工作去走更累的路。刚开始前两年，从产品研发生产遭遇阻力到合伙人离开，她经历了种种挑战。而且不仅没赚到什么钱，反而投入了自己50万的积蓄，为了拿到国际芳疗专业认证还搭了不少学费。

第三年开始，新国货风潮开始兴起，小众国货品牌也开始在美妆行业里占有一席之地。经过三年的打磨，她的产品系列已经形成，特别是针对宝妈和宝宝的天然护肤品备受欢迎。佩佩也逐渐建立了成熟的团队，运营天猫店和微信公众号，亲自上阵拍抖音视频，还和美妆主播合作进行直播带货。别人在疫情期间纷纷倒闭，她反而通过直播销售增长了30%，还受邀到中欧商学院分享创业案例。

显然，通过花萃泉的创业过程，佩佩不仅在财富上从拿工资转变为长期的创业收入，更重要的是，让自己从外企模块化的专业管理者升级到具备综合集成能力的创业者。有了这个成长和突破，就算这个项目失败了，她还会怕失业吗？

所以，不要选择最容易的路径，而是要选择让你成长的路径。不要只看现在"赚不赚钱"，更要看对未来"值不值钱"。

战略执行：向下看，掌控年度计划

想必工作中，在落地公司战略的时候你肯定会做年度计划，但你在自我发展上做过年度计划吗？如果有，是不是立下一些flag，然后就没有然后了？[1]

如同企业的战略需要落地，我们的发展战略也需要向下具体落地，那我们用什么作为抓手来管控呢？这个抓手就是《年度策略地图》。

《年度策略地图》，顾名思义就是梳理一年的发展目标和策略的执行计划。有了这张地图，你就能够掌控这一年的整体布局，帮你厘清下面三个关键问题。

---

[1] 立flag是一个网络流行词，意思是指说一句振奋的话，或者立下一个要实现的目标。

- 关键目标，清晰知道今年要做什么，达到什么目的和结果；
- 策略路径，如何完成这个目标，有哪些策略路径；
- 资源布局，如何布局资源，包括时间、资金和人。

如图 2-1 所示，《年度策略地图》以思维导图的形式，层层分解你的战略目标。《年度策略地图》由四层组成，分别是价值维度、目的、目标与策略、投入产出。

第一层，对你人生重要的价值维度。

《年度策略地图》不仅呈现工作策略，而是人生的发展策略。那么，于你而言，哪些价值是人生最为重要的呢？

比如，对我来说，工作发展、健康身体、学习成长、育儿教育、女性公益、感受世界等方面很重要。我就会把这六个价值维度放到《年度策略地图》的第一层，形成六大模块。目的是提醒自己不要忽略了人生长期最重要的价值。

哈佛大学曾访问即将离世的老人："这辈子最后悔的事是什么？"有人回答"太拼命工作没能陪好家人"，有人回答"没好好锻炼失去了健康""自己工作太忙没重视孩子教育"等。如果这些对人生如此重要，那么为什么平时就不提到重要的战略层面上来好好管理呢？

当然，不同发展阶段各模块的优先级和投入度会有所不同。但列到《年度策略地图》中就会引起你足够的重视

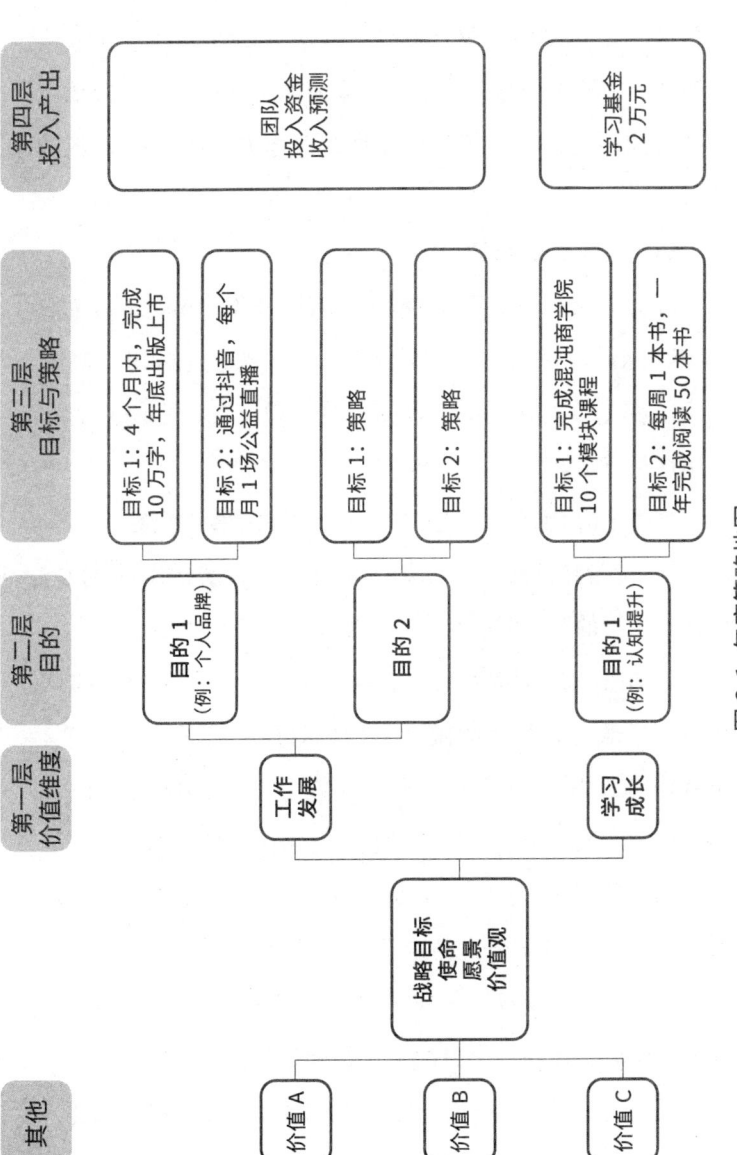

图 2-1 年度策略地图

并付诸行动。比如,我会给自己健康运动目标,这事如果不提到必须要做的高度,我可能会因为工作忙而不去行动。

请问你自己,除了工作发展,对你最重要的价值都有什么?

第二层,关键目的。

我们借用一下谷歌组织管理中的 OKR（Objectives and Key Results）,即目标与关键成果法。谷歌通过 OKR,快速地应对变化,更好地推动创新,我发现,自我管理上也可以用这种方法。

本书中的 OKR,由"目的"+"关键结果"组成。

《年度策略地图》中的第二层就是要设定 OKR 中的 O,也就是"目的"。请注意,是"目的"而不是"目标"。

这有什么区别吗?目标,就是某些行为所要达成的结果,而目的是其背后的做这个行为的真正用意。比如,"4个月内完成 10 万字书稿,年底出版上市"是出书的目标,而"建立个人品牌,让读者成长"才是出书的目的。

目的明确了,同一个目的下存在不止一个路径。比如,就拿我自己"建立个人品牌"的目的来说,要实现这个目的,我可以上真人秀,也可以做在线课程,或者讲线下公开课。所以,在同一个目的下,目标和路径可以是变化的。

反过来,设定不同目的,目标和行动也会随之变化。就拿出书来说,如果目的不是"建立个人品牌"而是"快速赚钱",那目标就是"销售多少万册",选择的策略可能是让代笔作者快速写完,快速回笼资金,不给钱的活动就不去分享。

厘清目的,其实就是让我们不忘初心,设定与战略目标匹配的执行目标。

第三层:关键目标与策略。

在《年度策略地图》的第三层,就是OKR中的KR,也就是关键结果。

在第二层目的下,设定2～3项实现此目的的关键目标,也就是你期待的结果。

首先,"关键目标",能够越具体越好,能量化的尽可能量化。比如,不是"多读书",而是"一年阅读50本书"这样具体明确的目标最好。

其次,"关键目标"不只是结果,最好还要有策略。例如,你公司今年的销售目标100万元,到底是通过线上直播、传统电商,还是以会员社群营销实现,这个策略会影响你的资源投入。同理,你个人希望今年达到100万元的年收入、想阅读50本书,这些小目标你将通过哪些路径达成呢?所以,关键目标的描述上,你可以采用模板"通过……(策略/路径),达到……(关键结果)"。

最后,"关键目标",除了"必须完成的目标",还可以给自己设立"挑战性目标",蹦一蹦能跨越自己。比如"完成最低30本，挑战50本"。

当然，定目标并不是定死目标，在快速变化的环境中目标也会发生变化。因此，每个季度可以盘点目标的设定是不是合理，每个月追踪完成情况，动态进行调整。

所以，关键目标，是让自己聚焦资源打下的靶子。

第四层：投入产出。

目的、目标与策略都有了，就要盘点投入产出了。

首先，资源的投入。比如，哪些事项是投入时间、精力最多的优先级最高事项，可以标注五颗星。哪些事项不能自己一个人干，需要找哪些合作伙伴和团队，需要投入多少资金预算。因为这是年度计划，不需要特别详细，只要大概心里有数就可以。对于某些重要的项目，完全可以单拿出来做预算。

其次，收入的盘点。比如，哪些方面可能会有多少收入，预计增长幅度多少。如果你还对收入目标有要求，那可以反推出来，还需要拓展哪些模块和项目才能完成收入目标。

最后，战略性投资。我每年会留出一定额度的预算给自己的学习和旅行，虽然看起来是支出，但于我而言，学习、旅行、孩子的教育都是一种长期战略性的投资，而不是消费。所以要从收入中提前预留出资金。当然，股票、基金、保险等理财形式的投资也是必要的，这里强调的是一定要安排有助于"成长"的投资。

投入产出，始终要坚持一个原则，就是聚焦资源投入在人生最重要的核心价值、最为重要的关键目标上。

一张《年度策略地图》如一盘统筹布局的棋，你能看到一年之后甚至多年之后的自己，你知道为此在今年这一局该如何下哪几步关键的棋。梳理完《年度策略地图》再回去细品你的战略，你就会觉得定战略并不是原来想象的那么虚，也并不是遥远的不确定的未来，而是今天所能确定的一个一个的小目标和行动。

总而言之，定战略，是在"不确定"里寻找"确定"的过程。定战略的过程，也是一个自我对话的过程，是在"动荡"的世界里找到内心的"锚"。因为，内心没有方向的人，去哪里都是逃离，对于有方向的人而言，去哪里都是追寻。

还等什么呢？拿出 A4 纸，画出你的新一年《年度策略地图》，成为自己人生的战略家吧。

05 重点笔记

定战略

决定每个阶段的"原点"和"终点"，并找到连接它们的路径。

从终点和原点出发，决定做什么、为什么、怎么做。

定好战略的四个视角

定位视角：确定优势，选择战场；

计划视角：要有计划，更有计谋；

能力视角：聚焦资源，击穿目标；

进化视角：自我赋能，战略升级。

定战略的四个关键

战略选择：向外看，选好外部机会；

战略驱动：向内看，开启内在驱动；

战略路径：向上看，设计发展路径；

战略执行：向下看，掌控年度计划。

推荐阅读：

[美] 理查德·鲁梅尔特，《好战略，坏战略》，蒋宗强译，北京，中信出版社，2017。

王成，《战略罗盘》，北京，中信出版社，2018。

第三章

练内功：从优势到专业

专业，就是超级单兵的长矛，可攻可守之武器
优势，就是聚焦打磨的刀刃，快速翻倍战斗力
优势的起点，不是比别人更牛，而是自我认知
专业的尽头，不是更高的技术，而是自我承诺

《孙子兵法》曰:"昔之善战者,先为不可胜,以待敌之可胜。不可胜在己,可胜在敌。"

言下之意,我们无法掌控外部环境时,首先要做的是让自己先强大起来。假设,你还没遇到好的机会,还没锚定好方向,甚至可能会遇到黑天鹅[1],请不要焦虑,你可以用现在手头上的工作去练好内功,等待机会。

对未来最好的慷慨,就是把一切献给现在。

如果,你已经有了战略目标,画出了《年度策略地图》,接下来,当真正落地开干的时候你会发现,虽然列在策略地图上的事项都很重要,但不可能所有事情都能兼顾得了。时间有限,资源有限,我们该先重点投入到哪里去呢?或者当你遇到看似不错的新机会,又该如何取舍呢?

战略大师理查德·鲁梅尔特在《好战略,坏战略》这部经典之作中说:"战略家必须有深刻的观察力,能够找到一个着力点,进而放大精力和资源的集中使用效力。"可以说,好战略,就是识别那个能够发挥杠杆作用的支点,舍九取一。

---

[1] 黑天鹅:难以预测、小概率但不寻常的事件,通常会引起市场的激烈反应甚至颠覆。

在《年度策略地图》的诸多目标和策略中，我们也要找到那个效用最大的着力点，把有限的时间、精力、资源集中投入进去。那么，可以舍九取一的关键支点到底是什么呢？

可以舍九取一的，就是能极大发挥优势的点，并把它做到超级专业，成为核心竞争力的关键支点。这就是超级单兵的"长矛策略"。

01 超级单兵的长矛策略

古希腊世界中，最负盛名的马其顿方阵被誉为战无不胜。在马其顿方阵中，可以看到那些无比强大的超级单兵与传统的普通士兵是不一样的。

无论是贵族精英组成的伙伴骑兵，还是方阵中的步兵团队，每个人都配有短则2米、长则6～7米的马其顿长矛。长矛，可近可远，可上可下，在马上还能平衡。善用长矛的超级单兵单枪匹马时可以独立突围，团队作战时还可以掩护相邻战友，并配合一起进攻，增加整个军队的战斗力。

其实从古至今，超级单兵的"长矛策略"无处不在，商场如此，职场也如此。

在经营中，企业可以用"长矛策略"迅速在竞争中脱颖而出。这种策略在产品导向的企业中也被称之为"大单品策略"或"爆品策略",意思是与其做很多产品,不如把一个最有优势的单品做到极致。

最典型的案例就是我们熟悉的苹果手机,一款机型火遍全球,一年狂售2亿部。在每一款新手机机型中,苹果也不是把所有功能一下子都做到最好,而是选择认为最重要的点,比如在"薄""极简按键"等关键点上聚焦,做到无限接近理想中的完美,让苹果迷们为之疯狂,让自身也成为颠覆行业的领航者。

这就是"长矛策略"的魅力,快、准、狠,可攻,也可守。

同样,职场的格斗场中,超级单兵就像马其顿方阵中的士兵那样,不管独立作战还是团队作战,进攻还是防御,都需要属于自己的"长矛"。

专业,就是超级单兵手中的第一根"长矛"。

很多人可能觉得自己有专业。像工程师、律师、会计师,这些有专业资质的职业确实是有技术的门槛。还有些人觉得自己在某个细分行业里待了很多年,也算有专业。是的,对一个行业的理解、对一门技术的精通确实都是专业本领。过去,这些技术和经验都是专业的标志,而且越老越吃香。

可如今,在移动互联网、人工智能时代,这些曾经让人羡慕的人开始被机器、被年轻一代所取代。为什么有专业还会被淘汰呢？这个世界还需不需要专业了呢？

02 为什么有专业还会被淘汰

我曾在诺基亚和英国培生集团合资的移动互联网公司就职，每天是和一帮程序员们一起工作。那时候，我常常需要协调很拽的技术大牛们基于客户需求做出更好的软件应用。那时候，塞班系统的程序员们待遇不低。有时候我还挺羡慕他们有专业技术，觉得那是个硬实力，不用靠关系、看脸色。

老X，是研发的一位老员工，前半生一直是一名老老实实的程序员，负责研发平台的维护。他技术不错，工作勤勤恳恳，对同事也很和善，于公于私都是没什么进攻性和危害的那种好人。可是有一天我得知老X被列在裁员名单里了。平时和老X关系不错，我无法理解公司的决定，也替他觉得冤得慌。他忠心耿耿，技术不差，人品也好，为什么会被公司抛弃了呢？

原来，苹果手机的崛起，智能手机生态发生变化，需要公司快速开发可适配苹果iOS系统的App版本，从而对研发人员能力需求发生改变。而那时时间紧、任务重，没法重新培养，只能换掉一部分塞班系统的程序员，优化人才结构。看来，裁员老 X 这事要怪也只能怪塞班系统干不过苹果 iOS 系统。

这，就是这个时代的残酷。

《人工智能时代》一书中描述，人类高速公路的发展要了很多小动物的命，不幸被压死的小动物没有感知到两吨重的汽车从它们身上呼啸而过时就已经死了。同样的我们，在"信息高速公路"上将面临什么，自己正从事的职业是不是下一个被碾压的，其实身在里面的我们毫无知觉。

过去，会一门技术，那就是一辈子可以靠它吃饭的"专业"。如今，未来已来，世界不是不需要专业，而是需要"未来的专业"。

未来，很多职业的工作内容和能力需求会发生巨大的变化。波士顿咨询在发表的报告《取代还是解放：人工智能对金融业劳动力市场的影响》中表示，到 2027 年，将有 230 万金融岗位，包括交易员到投行人员都因人工智能而被削减，是金融业就业人口的 23%。其他像制造业、服务业更是如此。

未来已至，新的职业应运而生。有一位网红博主叫 Sam Chui，定居迪拜。38 岁辞职后，他成为航空极客，乘坐飞机去了 100 多个国家，搭乘过 300 多家航空公司飞机，飞行 3 万多英里，成为 120 万粉丝的航空博主。这在过去谁能把这样的行为叫职业呢？

人力资源与社会保障部 2019 年发布了 13 个新职业，包括人工智能、物联网、大数据、云计算这四大热门行业相关的工程技术人员，还有数字化管理师、建筑信息模型师、电子竞技运营师、无人机驾驶员等新职业。很多高校的专业设置也正在发生着变化。

即便是未来的专业里，换水也是很快的。比如，互联网企业的工程师，就像老 X 那样基于老系统的开发工程师，如果不升级，就会一下子被驾轻就熟新系统、新工具的工程师所替代。

即使努力爬到一定资深的职位，你会发现后面依然还有众多年轻追兵。公司需要加速奔跑，需要新的活力，人才的血液循环变得越来越快。现在，我到客户公司调研，很多公司已然看不到 35 岁以上的员工。你职位再高早晚也要腾出位子，这时候，你的专业能够帮你转型或者独立生存吗？

当工作本身都有可能消失，再高的职位早晚也要离开，你会发现，世界不是不需要专业，而是有一天会不需要你而已，你需要自己寻找到让自己独立的"可迁移的专业"。

我一直在想，老 X 真的只是单纯被时代打败了吗？

不！其实不能只怪世界变化太快。当我作为管理顾问帮助客户企业做组织变革和人才发展，特别是帮一些客户企业辞退了第一、第二、第 N 个老 X 之后，我才明白他貌似有专业，但实则并不能称之为"专业"。他自己，才是被淘汰的真正内因。

在混沌的时代，当组织越来越敏捷，不需要养那么多员工的时候，员工所在组织和客户对"专业"的期待只会越来越高。我们常常说现在比过去赚钱更难了，其实不是没机会了，而是专业的人越来越多了，你要是没真本领给客户创造更多的价值，那种简单靠信息不对称或者搞好关系就能赚钱的时代已然过去了。

所以，这个时代并不是不需要专业，而是需要"专业的高手"。

20年的老会计、10年的HR是不是"专业的高手"？未必！因为，大部分人其实只是在一个专门领域里待久了而已。某个领域的基本技能、重复性的经验，都很容易被替代或淘汰。

那到底什么才是真正的专业，我们与专业的高手之间又有什么差距呢？

03 你与专业的距离

我个人非常佩服股神沃伦·巴菲特和他的搭档查理·芒格先生。他们专注于自己的专业领域——价值投资，在长期的投资生涯中取得了傲人的成绩。更重要的是他们俩都特别热爱和享受自己的工作，两人一直到八九十岁高龄还都精神饱满地工作着。他们两位无疑是全世界最值得学习的超级单兵。

为此，我曾专程跑到巴菲特常驻的美国小镇奥马哈，想一探究竟巴菲特和查理·芒格在工作、学习、生活中有何与众不同，哪些地方我们这些普通人也可以学习借鉴。在这个过程中，我也更深刻地理解了我们与"专业"的差距在哪里。

差距一：不深挖。我们知道冰山上的技能，高手理解冰山下的底层逻辑。

《查理·芒格的智慧》一书中有一则著名物理学家马克斯·普朗克与司机的故事。马克斯·普朗克是量子力学的创始人之一，也是诺贝尔物理学奖得主，他经常到德国各地举办讲座。有一次常年跟着他的司机觉得对讲座内容了如指掌了，就建议普朗克和他互换位子。司机完美无瑕地将讲座内容背诵了出来，之后一位观众席的物理学者站了起来，提出了很难的问题。司机机智地说："慕尼黑这么发达的城市，居然有市民提出如此简单的问题，太让我吃惊了，就请我的司机来回答吧。"

芒格常常拿这个故事来说明，如果你没有真正系统地理解底层逻辑，其实并没有真正掌握本领，这个领域依然在你的能力圈之外。工作中，当你对一些事务驾轻就熟的时候，以为自己已经懂了，实际上你真的懂了吗？你真的看到这个工作的全貌了吗？你真的深挖到更深层次了吗？

知识是更新的，技能是升级的，超级单兵的强大就在于，在变化的现象背后能够找到不变的底层逻辑，有人叫它"本质"或"真理"，也有人叫它"悟道"。

差距二：不突破。我们容易在舒适区打转，高手主动颠覆升维。

巴菲特和芒格有个共同特点，非常善于破坏自己最爱的观念。每年如果没有破坏一个最爱的观念，他们觉得这年就白过了。他们喜欢把人们的观念和方法比喻为"工具"，其实，任何技能、知识、经验也都是我们成长的"工具"，如果发现了更好的新工具，那就应该舍得换掉旧工具。

"我搞了多少年技术了，我在这个行业做了多少年……"这样说的人通常都会很容易陷入固执己见中。因为，没有人喜欢被改变。否定自己的观念，就感觉意味着失败。所以，当我们具备了专业知识和丰富经验，就很容易意识不到这种认知的傲慢会在某一天把我们推向悬崖。

有人无法突破是因为舒适或自负，有人却是因为不自信。我们在组织变革中也常常遇到，很多人自己就认定自己的能力是有限的。"嗨，我只会搞技术，我就做个工程师蛮好的。"他们大多有擅长的领域，常常不愿意踏出舒适区。看起来会减少失败和风险,但长期而言,越是求安稳的人往往越求不得安稳。

超级单兵的强大在于,**坚守专业,不求舒适,敢于迭代,主动升级段位**。

差距三:不融会。我们用专业的眼睛看世界,高手用世界的眼睛看专业。

查理·芒格 35 岁前是律师,认识巴菲特之后才真正开始了投资生涯。这样跨界的他有一个特点就是"多元思维"。他借用心理学、数学、生物学、经济学、统计学等不同学科的分析工具来分析和看待世界。他认为,在万物互联的世界里,这多种力量会极大地放大效应,名曰"Lollapalooza 效应"[1]。

过去从大学到职场,在明确的专业分工之下,只要搞懂自己的一摊事就可以。每个人很容易陷入"专业的峡谷"里,所看到的世界、所得出的观点很容易基于自己专业中的思维习惯。

如今的世界,已然从分工的世界到共生协同的世界。所以,在企业里一个好的销售也需要懂得大数据,好的 HR 也需要懂得研发,好的研发也需要懂得管理。你想在一个领域里做得专业,还真不是简单一个单学科知识就够的。

---

[1] Lollapalooza 效应是芒格为那些相互强化并极大地放大彼此效应的因素发明的词组,是多个互相联系的同向因素叠加后产生了极强的放大作用的效应的统称。

超级单兵的强大在于，开放多元，具有迁移思维，懂得融会贯通。

感叹着股神的强大，走在秋天的奥马哈，在市中心的大街上都能听得见落叶踩在脚底的秋日的声音。我很好奇，在如此安静的小镇里常年待着，老先生竟然没有被时代淘汰？不！恰恰在这样安静的环境里，才能不被世间喧嚣打扰，每天保持阅读，保持独立思考。带着对世界的好奇，融会世界之智慧，炼成出类拔萃的超级单兵，书写着世纪的神话。

曾经，我觉得大神离我好遥远，我这样的普通人达不到那个超级高度。但站在股神家门口的银杏树下，我改变了这个自我局限的想法。我不需要和谁攀比绝对财富和成就，那是各种要素综合的无法复制的结果。但如果借鉴他们已经萃取的世界运行的规律、做事的思维、专业的方法，想必可以更好地摸索出自己人生的正确打开方式吧。

04 专业的四项修炼

奥马哈之行让我懂得了"专业"不仅是名词，更是"形容词"。

在这个职业、技能、经验都会失灵的时代，如果你只懂得一亩三分地的专业技能，那些人工智能、大数据等技术革命和新玩法分分钟就能革你的命。但如果，你能够真正意义上地理解如何"做专业的事，专业地做事"，技术革命只会成为让你更加专业的工具。

那么，如何成为那个真正专业的超级单兵，拥有自己的那根长矛呢？

专业的修炼，可以先学会如下四招：

- 修炼一：单点切入；
- 修炼二：单点击穿；
- 修炼三：单点环绕；
- 修炼四：以点带面。

发现了吗？个体只有聚焦在单点发力，才可以有机会脱颖而出，如同放大镜点火原理一样，聚焦才能燃起火花。

修炼一，单点切入：始于优势，终于优势

试问，你现在的工作是你最擅长的吗？

27岁那一年，我在英国读完硕士之后准备找工作。即便是已经工作三年再出国的我依然对下一份工作和未来的职业目标处于迷茫状态。像我这样迷茫的人，现在看周围

也是一抓一大把。还有些人工作十来年，也依然如同没有锚的船，在那些漂泊的岁月中没能长出真正专业的本领。

那个年代，在海外工作是让人羡慕的。全球金融中心的伦敦城里，那些来来往往的金领们，西装革履地穿梭在气派的玻璃高楼之间，看起来一个个都像自带光芒的星星，风光极了。当时我想，自己学习也不错，应该去试一下传说中撒满银子的金融行业。于是乎，我前后在中国银行伦敦分行和彭博集团参加培训和工作。不幸的是，那段时间的工作简直糟透了。

我痛苦极了，一点儿都不享受工作的过程。我真是自己都不能理解自己为什么这样，英语应该不是我工作的障碍，自己在出国前的工作中已经可以独当一面，可为什么在金融圈里，觉得翅膀是僵硬的？我安慰自己，以为只是暂时没上手，过段时间熟悉了业务，加倍努力补充专业知识就应该没问题。

可最终，这段工作并没有像励志电影一样反转。我还是离开了金融城，决定回国且坚决不再去金融圈工作。我一直对那时候没能突破自己感到挫败。直到越发认清自己才真正与自己和解。当初我只是对那个世界好奇，觉得那是一份风光无限的光鲜职业，事实上，伦敦金融城根本不是充分发挥我优势的最佳地方。

回国后，我进入到了咨询业。我对企业的洞察力、逻辑思维、演讲表达能力和快速学习能力在这里都得到了充分的发挥，加上想帮助企业成长的热情，工作起来感觉一点就通、如鱼得水。一次项目成果汇报后，客户不仅续签下一个项目，还指定必须由我来做负责人。合伙人点赞说："你这小刀子磨得可以呀，我看已经可以升为合伙人了。"从完全不懂管理的小白，短短六年成为合伙人，这并不是我有多聪明，而是锚定了能够发挥优势的领域，然后全情地投入而已。

我们往往选择做世界认为好的工作，却很少寻找能发挥自己优势的工作。我们往往穷尽一生的时间来补短，却很少能够极大地发挥自身的优势。

优势，就是单兵最先要锚定切入的那个"单点"。

盖洛普咨询公司历时40年研究"优势"，其名誉董事长、被誉为"优势心理学之父"的唐纳德·克利夫顿则领导科学家团队对1000万人做过调查研究。据统计，1000万人中就有700万人并没有机会做自己擅长之事。

当你不能发挥自己"优势"的时候会怎样呢？在工作上，全身心投入的可能性会降低很多。你会不想上班，容易抱怨公司，产出绩效也不高。而当你从"优势"切入，把优势发挥到极致的时候会怎样呢？你会享受工作本身带来的快乐，承受过程中的艰辛，也会更容易建立自信，形成正向循环。

球球，是我前同事，十年前是个做电子书编辑的不起眼的小员工。戴着一副黑框眼镜，性格也很内向，如果不是年会有同事推荐他跟我一起演节目，我都从来没有注意到过公司还有这么个人。当时我要跳一支舞，为了让节目看起来更丰富，就让他在台上现场画漫画。那时候的他，看起来五年十年都升不了什么职。

但是，最近我在抖音上看到名为"球球的画"的抖音号很火。原来，球球发挥了自己画漫画的优势，在抖音上原创的《十万个小肉段》漫画系列已经收获了40万粉丝，爆款视频能收获500万条点赞，成了万人喜爱的专业漫画师，随之而来的商务合作也让他撑起自己的小家没有问题。

在这个个体崛起的时代，因"口红"而红的李佳琦、"做饭"做到极致的李子柒、把"整理"做到极致的日本整理专家近藤麻理惠，都是从自己小小的优势点切入的。或许你可能不会像他们那么红，但在一个细分领域里做到极致专业，也可以为自己开拓出一条不错的发展之路。

管理大师德鲁克说："多数人都以为他们知道自己擅长什么。其实不然……然而，一个人要有所作为，只能靠发挥自己的长处……"（《管理自己》）

你真的清楚知道自己的优势吗？这里有必要厘清一下对"优势"的理解。

第一，优势不是比别人强，而是理想的你和现实的你之间的交集。

一提到优势，很容易想到比别人更强的能力。所以，一问起你的优势是什么，很多人会沮丧地回答："我没有什么优势。"

实际上，每个人都是一座宝藏，都具有某些方面的天赋。再加上后期的刻意练习，就能打磨出自己的优势。优势的起点，就是"理想自我与现实自我之间的重合"。重合部分越大，就会越得心应手。优势也不是静止不变的，通过不断学习突破，扩大优势部分，不断接近那个理想的自己。

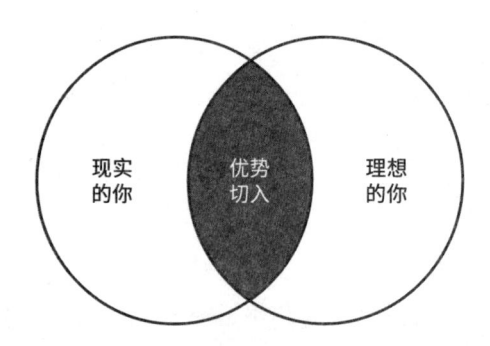

图 3-1 优势的起点：理想自我与现实自我之间的重合

当然，鼓励关注自身优势，并不是对短板视而不见。比如，我自己就是擅长大画面和概念、不太擅长细节的人。而工作中，有时又不能完全避开细节的工作。所以，一方面使用辅助工具来管理，一方面安排擅长细节的人给我把关，让整体工作不受影响。所以，短板也需要适当管理，管理到能够不造成致命打击就好。

《现在，发现你的优势》中写到，生活的真正悲剧并不在于我们每个人都没有足够的优势，而在于我们未能使用拥有的优势。

第二，优势不只是专业知识技能，还有冰山下的素质潜能。

一提到优势，很容易想到知识、技能，比如财务知识、编程技能等。实际上，这只是冰山上的部分，冰山下的素质才是对你产生更长期深远影响的。

著名心理学家麦克利兰的冰山素质模型中，为我们揭示了从显性素质到隐性素质的7个层面素质。

- 技能：指一个人能完成某项工作或任务所具备的能力，比如，动画设计能力、写代码能力；
- 知识：指一个人对某特定领域的了解，比如，大数据知识、机械知识；
- 角色定位：指一个人对职业的预期，也就是想要做什么事情，比如，专家、管理者、自由职业者；
- 价值观：一个人对是非、重要性、必要性的价值取向，比如，诚信、自由、合作；
- 自我认知：一个人对自己的认识和看法，比如，独立、自信、乐观精神；

• 品质：一个人持续而稳定的行为特征，比如，正直、责任心、坚韧；

• 动机：一个人内在的自然而持续的想法和偏好驱动、引导和决定行为，比如，成就动机、影响动机、关系动机。

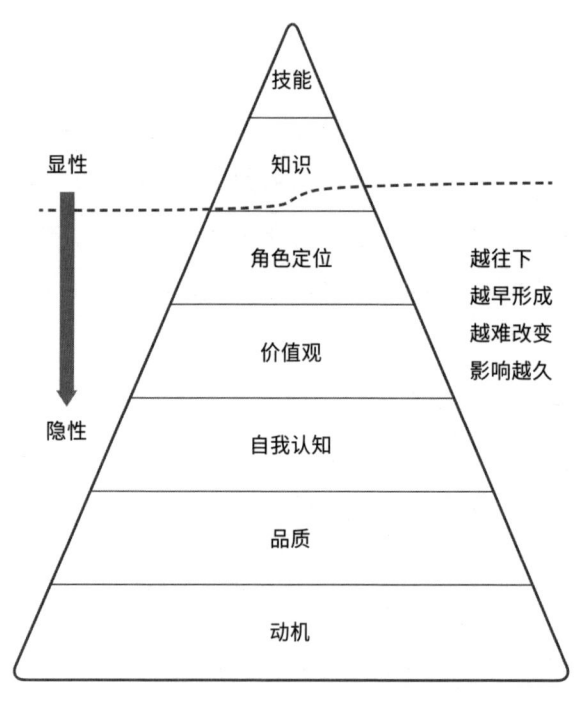

图 3-2 冰山素质模型（麦克利兰）

相比我们能看得见的知识、技能，其实冰山下的素质才是长期影响你未来做什么、如何发展的重要素质。而这些素质越往下越隐性，越不太容易被察觉，而且越往下，越早形成、越难改变且影响深远。因此，需要我们自己更深入地洞察自己，发现自己，认识自己。

以我自己为例，从知识、技能来说，我可以做得来的工作还挺多，也曾尝试过市场公关、外事翻译、商务拓展、董事长助理……但我对自己的角色定位就是管理顾问和老师，价值观中排第一的是"自由"，因此对受控制的工作就比较排斥。我的自我认知是自信、独立，品质中有自律、亲和、包容等。我也是具有"影响动机"的人。这些内在的特质造就了我在做咨询培训工作时可以发挥出我的优势。当然，自由顾问这个职业未必是唯一的解，但至少在选择去做金融还是做咨询的时候，肯定会选择后者。

2008年北京奥运会烟花设计师蔡国强先生曾在访谈中被问道："您身上最强的能力是什么？"他答道："男孩子的浪漫。"你看，甚至男孩子的浪漫都可以成为成就顶级烟花设计师的重要因素。

按冰山素质模型盘点一下，你有没有自己都未曾关注过的素质可以发展成为你的优势呢？

第三，你的特质没有好坏之分，加以利用也许可以变成优势。

在社会普遍认知中，对人的特质是有倾向性的评判的。

比如，内向不善于沟通是劣势，缺乏安全感是劣势，情绪容易焦虑是劣势。再比如，销售一定是外向的，HR 一定是亲和的等一些固有观念。但实际上，那些所谓不太好的特质并非一无是处，甚至有时候反而会成为能够实现某种成就的重要因素之一。

微信的诞生就是最好的案例。如同微信打开界面那个望着地球的孤独背影一样，开发出"微信"这个现象级产品的产品经理张小龙曾经是一个非常内向、特别不善于沟通的产品人。他曾在微博中写道："这么多年了，我还在做通信工具，这让我相信一个宿命，每一个不善沟通的孩子都有强大的帮助别人沟通的内在力量。"他的内向、孤独、不善于沟通反而造就了他懂得人们的沟通需求，成就了微信，成就了他自己。

这样的案例比比皆是。华为创始人任正非因为缺乏安全感，投入巨资做了备胎芯片才造就了今日独立自强的华为；新冠病毒疫情中走红的网红医生上海华山医院感染科主任张文宏医生自曝自己是个非常焦虑的人，才让他自己当好了感染病医生。

所以对优势的认知，是一个探索自我的过程，也是走向独立自信的过程。

"凯叔讲故事"的创始人王凯说，他小时候就是个学渣，高中都没考上。但他觉得自己会讲故事，讲故事就成为其人生的精神支柱。他常常想，我没你学习好，但我会讲故事；我没你踢球好，但我会讲故事；在央视主持没有王小骞好，但我会讲故事。他坦言，自己万万没有想到日后会成为以讲故事为专业，并且创业的创业者。你看，任何看起来不起眼的优势，未来都有可能会成为你的专业。

当然，优势认知并非那么容易的线性过程，也需要尝试和试错。为了减少试错成本，建议你参考一些专业测评工具来帮助你客观地认知自己。比如，霍兰德职业兴趣测试、盖洛普优势识别器、MBTI 职业性向测试等。你也可以寻求导师或教练的指点，帮助你看到自己看不到的自己，挖掘你自己都不知道的潜能和素质。

但最终，真正懂得自己的还是自己。你需要不断给自己灵魂拷问，答案的正确与否其实并不重要，重要的是自己探索到的答案，才会笃定地去投入和坚持。

始于优势，终于优势。以优势切入会让你自信，自信带来的笃定才能让你专心地长期投入，磨炼足够锋利的刃，你也就拥有了强大的竞争优势。

请你准备 5 张 A4 纸，自己进行优势认知的三个灵魂拷问：

Q1：你认为自己目前的优势是什么？请在一张 A4 纸上用图文画出来。

写完一项优势后,继续问自己"比这个更具有优势的是什么?"

连续问 5 次,最后把 5 项优势重新排列出优先顺序。

Q2:你现在的工作正在极大地发挥这些优势吗?还需要突破什么?

Q3:如果十年后,你给理想中的自己发一个嘉奖令,你会写一段什么话?

修炼二,单点击穿:始于现象,终于本质

认知了优势,就要击穿它成为高手,那么成长为专业的高手有没有捷径呢?

先讲个真实故事。主人公是日本的一位名叫米田肇的法餐厨师,原本是空手道运动员。转行当厨师的时候他 25 岁,早已经错过了入行的最佳年龄,没有人看好他的转行。但他励志要成为最优秀的米其林厨师,短短一年零五个月,他的法餐厅就摘得了米其林三星。

众所周知,全世界所有米其林三星餐厅加起来也不过 100 多家,神秘而严苛的评判标准让全世界厨师们望尘莫及。他真的是天才,还是有什么独到的方法?

他在自己的书《天才主厨的绝对温度》中分享到,他从不像其他学徒那样盲目地记忆知识和练习，而是先摸清楚米其林评价体系中的规律和法餐的底层理念，这正是他摘取星星的第一步。

首先，他走访多家米其林三星餐厅，找出它们全部的特征。找到那个交集的部分，就是三星餐厅的必要条件，剩下就是每家餐厅的个性部分。他分类总结出菜品、餐具、服务等几大环节中的标准以及其中蕴含的法餐理念。

其次，对标最好的标杆学习，找到成功和改进的关键要素。比如，他去了很多次巴黎一家叫拉斯汤斯（L'Astrance）的米其林三星餐厅，感受三星与二星有什么微妙区别。他发现，很关键的一点就是"极致精确"。无论是调味品的细腻颗粒度，还是慕斯入口即化的感觉都是恰到好处，且每一次几乎都一样的精准。

然后，把总结的规律运用到自己实践中。发现了"精准"这个关键点后，他就把"精准"这个点极致地用到自己的菜品、餐具、服务上。菜品的精准，一个入口即化的鹅肝烤箱温度设定85度，鹅肝内部温度达到58度；餐具的精准，餐厅的桌上餐具距离误差小于一毫米，连一粒盐的大小都切割为普通盐块的四分之一大小；服务的精准，规定厨师切肉姿势的角度，服务动线的标准化。

最后，超越技术，看透本质。成为米其林三星厨师后的米田肇在2011年经历了日本大地震。他看到灾区的惨相，看看自己手中的精致料理，开始怀疑自己的工作。但是，当灾民吃了他做的饭，对他说："能吃到这么美味的料理，活着真好！"他终于领悟到，美食的真正意义是让人感受到生命的美好。他励志要做出像"最后的晚餐"那样美好的料理，也实现了从技术高手到大师的跨越。2018年，米田肇获得了"全球最佳主厨"评选亚洲第一名。

我们不禁思考为什么大多数人没能像米田肇那样快速提升认知，虽然也努力学习，却没能快速实现跃迁呢？我作为执行合伙人的 Liderar 领途曾在 2018 年《哈佛商业评论》中发表过 CBA 成长模型，从中我们就能看到到底在哪个环节上可以提升自己。所谓成长，其实是需要通过三道关。

第一步，知（Cognition），从外界搜集或输入的信息中的认知。如今的信息碎片繁杂，我们在信息爆炸的时代最需要有的第一个能力就是筛选重点信息，并对其进行分类。给自己的大脑构建抽屉，分类存储，才是学习的第一步。

第二步，行（Behavior），把所学的"知"付诸行动践行。有些人光知道却没有行动。有意识地将自己的所学所知运用到实战当中去，也就是学以致用。如果你学到的没办法直接践行到工作，那就建议你以"分享"作为一种践行的方式，也很有效，因为教就是最好的学习。

第三步，悟（Awaking），认知得到觉醒和升级。听了无数堂课，看了无数本书，一份工作重复了很多年，如果你没有从这些学习和实践中得到背后的深层感悟，将这些感悟融入自己的知识体系，最终帮助你升级自己的思维，那么很难说你真正进步了。因为，知识、技能都可能会被时代淘汰，而真正思维上的认知升级却能帮助你抵御未来的未知。

著名的投资家瑞·达利欧在他的畅销书《原则》中写道："不管我一生中取得了多大的成功，其主要原因都不是我知道多少事情，而是我知道在无知的情况下自己应该怎么做。……原则是根本性的真理，它构成了行动的基础，通过行动让你实现生命中的愿望。"同时，达利欧还在书中鼓励每个人都要独立思考，以不同的方式拥有你自己的原则。从达利欧的原则中，我们不难看出他鼓励每个人都去寻找自己的系统方法论，不断试错，不断突破，螺旋上升。

始于现象，终于本质，对世界的深度洞察和持续的认知提升，才是超级单兵击穿专业的底层能力。

那么请你问问自己是否在以下三个方面做到了？

Q1：从行业的视角，你所在行业的标杆企业都有哪些做得好的特征？对你们公司有什么借鉴意义？

Q2：从岗位的视角，你目前的工作（或项目）到底做什么，你能把底层逻辑用一张图简单说给外人听明白吗？

Q3：对目前所做的事情，从你的思维上有哪些感悟和提升？

修炼三，单点环绕：始于客户，终于客户

是什么会让其他人给你的评价是"专业"？是你的专业技术水平吗？

从技术层面上，做到前两项修炼，也就是单点切入并击穿，你应该可以达到某一个细分领域一定的专业水平。但是，所谓专业，并不是在自己的专业世界里自嗨，而是始终专注于"客户"。

想要成为超级单兵，就要把"专业"和"客户"连接起来。

首先，关注客户需求及变化，把优势迁移到未来的专业。

我常常想起那位勤勤恳恳工作却被开除的老X，他其实很专心地做他的技术，某种意义上也有自己的专业。但他就算是猎豹，如果所栖息的草原已经发生变化，也就再无栖息之地。也就是说，如果你的专业再无客户的需求，没有未来的市场，那么很容易就会被时代抛弃。

所以，超级单兵需要敏锐地洞察客户需求的变化，时刻做好动态调整的准备。

如图 3-3 所示，横轴是专业的未来竞争力，纵轴是你自己的竞争力。也就是说，你要问自己未来一定时期内你击穿打磨的专业会不会有持续的需求？你是否极大地发挥了自己的优势，将其打磨成自己的核心竞争力？

```
自己的竞争力
(是否极大地发挥了
    自己的优势)
```

专业 B 我擅长，低需求	专业 A 我擅长，高需求
专业 D 我不擅长，低需求	专业 C 我不擅长，高需求

专业的未来竞争力
(是否有一定长时期的需求)

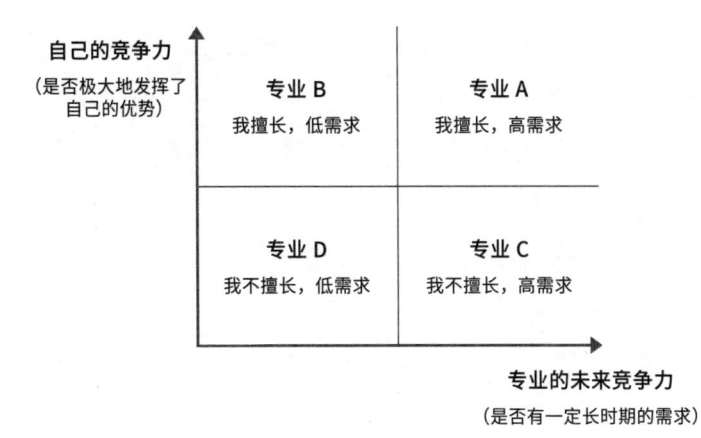

图 3-3 竞争力四象限图

专业 A，我擅长，高需求。比如，前几年 C++ 工程师、未来大数据工程师，这些现在或未来需求旺盛的专业自然起始薪酬也会比较高。

专业 B，我擅长，低需求。需求低意味着没市场，薪酬自然也不会高。这样的领域如果坚持要做，就当爱好或副业，而不是职业发展的第一专业领域。

专业 C，我不擅长，高需求。我个人并不推崇在自己不擅长的领域里盲目跟风，什么赚钱就干什么不是长期的好选择。如果真心想做，那么就要和擅长的人组成团队，互相优势互补，而不是独自深扎下去。

专业 D，我不擅长，低需求。这样的领域当然就不需要浪费时间了。

这个时代的客户需求也是瞬息万变的，如果我们为了专业而专业，而不去关注客户需求，不能给客户交付让人满意的价值，那么即便你在这个领域做到炉火纯青，在市场趋势和科技发展面前仍旧不堪一击。

其次，交付极致的客户体验，建立个人专业品牌。

品牌来自哪里？来自专业的极致。

先看一个商业案例来理解什么是"专业的极致"。日本东京品川有一家叫 SOLCO 的盐店。这家真是把"盐"这个点做到极致。这家店中有 47 种盐，恐怕我们大多数人一生都没有见过那么多种盐。而且每种盐都装在非常漂亮的五颜六色的玻璃瓶中，看起来真的很像奢侈品，让人爱不释手。每种盐都配有详细说明，这个盐的原产地、制成工艺、味道、适合烹饪的食物等。甚至店中还可以品尝一些用不同盐做出的不同美食。让客户不仅在买盐，而且在感受调味的美好。

假设，把你自己视为一家店来经营，为所服务的内、外部客户提供产品或服务的话，你是否可以做到如此专业的极致呢？

瑶瑶，是我的前同事，从 PC 时代到移动互联网时代一直在做互联网运营。她一点儿都不漂亮，不花枝招展地打扮，也不是那种八面玲珑很会搞关系的人。但很神奇的是，所有与她一起共事过的同事和客户无一例外都对她的工作非常认可。但凡公司运营相关的事情，大老板就只找她。领导跳槽给她加薪一起带着，同事创业拉她一起入伙，客户都给她介绍更好的机会。

我很好奇，一个再普通不过的女孩子到底有什么特别的撒手锏呢？

我发现她围绕着"运营数据"给内、外部客户提供了极致的服务。我当时负责商务拓展，常常要给合作伙伴做路演，需要瑶瑶支持提供相关的运营数据。这本是可以简单应付的需求，让系统跑出来就可以，但她的交付就不一样了。

首先，向她提出的工作需求从来都是响应得特别迅速，不需要催，还照顾到同事的工作。有一次我在家加班过程中紧急需要运营数据，因为系统保密在家她是调不出数据的。结果，她竟然午夜跑到公司帮我跑数据，以便不影响我的交付，真是让我感动。专业，就是体现为这样最朴素的责任感。

其次，每次提出需求，她都会先问清楚目的。其他同事都是要什么数据就在后台系统跑出来贴到 EXCEL 表格发个邮件就完事。可她会根据你的用途，比如内部研发研讨用的和拓展合作伙伴所用的数据类型与呈现形式就会有所不同。她不仅会帮我调出数据，还加上数据分析。从她那里我也学会了如何让数据说话。

再次，超预期交付。对我这样的同事需要支持的工作，本来期待按时给原始数据就已经很感谢了。结果，她不仅提前交付，而且都做好图形化处理，直接插入报告中即可，节省了不少时间、精力。对于老板，除了分内工作，还提出运营中发现的问题，不仅主动提出改善建议，还给自己加码去解决问题。对待客户也如此，在会议前即便没人吩咐，她都会提前帮客户打印好文件，甚至对那些年纪长一些的客户，她会调整字体大小，圈出重点，让他们可以舒服地看数据。我发现，她总是给其他人"期待+N"的交付。

有专业的态度、专业的技能、超预期的交付，这样的同事谁会不爱呢？其实专不专业，不是自认为的技术决定，而是世界对你的满意度决定。当内、外部客户都点赞说："你真专业！"这时，你已经在职场上建立了个人专业品牌。有了专业品牌，你还愁找不到工作，还愁在就业市场上的价值卖不上价吗？

始于客户，终于客户。 当我们有了发自内心为客户着想的初心，基于客户需求交付专业的服务，相信你的职场始终不缺为你点赞埋单的客户。

你是否做好"专业"与"客户"的连接了呢？自测一下，并在你日常工作中从小处行动开始建立自己的专业品牌吧。

Q1：基于竞争力四象限图，看看你现在所做的工作是否处于"双高象限"？如果不是，应该做什么样的调整呢？

Q2：在你正要交付的任务中，可否找到一个"单点"，做"期待+1"的交付？

修炼四，以点带面：始于专业，超越专业

当你在某个细分领域里自认为已经很专业的时候，提醒自己的时刻也就到了。你的优势恰恰有可能变成你的枷锁。

在组织里，我常常看到一些人到了某一层级后进入舒适模式。他们往往有自己的专业技能，掌握了组织里的生存之道，拿着不错的薪水，舒服地工作。他们也不愿意多担当更高更多的职责，觉得在自己擅长的领域就可以了。你真的可以在一个蓬勃发展的组织里长期这样舒服下去吗？

M公司，是我的咨询客户，是成都一家新三板上市公司，做教育行业IT解决方案。做到两三亿元规模之后，业绩始终停滞不前。公司引入了战略投资后需要业绩上有所突破，决定未来三年要实现两个突破作为目标。第一个突破，从服务教育行业到智慧城市领域的突破；第二个突破，从四川本地到全国乃至国际化的区域突破。为此，我作为管理顾问进驻到M公司做了组织变革和团队赋能。

战略目标需要组织来支撑。业务要想增长，需要团队的快速成长。为此,在绩效管理中采用了一个工具叫"人才价值坐标",对中层管理者和骨干技术人员进行能力牵引和激发。

人才价值坐标,可以理解为组织对人才价值的期待和要求。有了坐标,员工可以清楚自己在哪方面需要成长。组织也能看到人才布局的现状,培养或补充具备所需能力的人才。

以 M 公司项目经理为例,大部分项目经理原来所承担的功能是"按时、按质量、按合同要求交付项目"。目前,项目经理们对如何交付项目相对驾轻就熟,他们自认为经验丰富,在这个业内已经很专业。

但是,基于公司未来的发展目标,对项目经理这个关键岗位提出更高的要求。

- 项目交付:按时、按质、按要求交付项目;
- 流程优化:通过流程优化,帮助公司控制成本;
- 客情关系:通过提高客户满意度,以便挖掘二次需求;
- 人才培养:通过辅导和培养下属,快速承接新业务;
- 跨区域管理:公司跨区域发展目标,可以跨区管理和指导;
- 市场支持:支持销售部门做顾问式销售。

基于以上价值坐标，将项目经理分为1~9级的层级，不同级别的项目经理给予不同薪酬和奖金标准。

看到价值坐标，有些项目经理开始紧张起来。有些人感慨，本来自认为自己的工作做得不错。对照价值坐标一看，自己竟然只是在第一个层面上交付价值。如果跟不上公司的发展要求，在更往上的价值层面上无法突破，不能为公司创造未来的价值，短期影响收入，长期后果可想而知。

你是否愿意突破自己的舒适区呢？强烈建议你画一个属于自己的《人才价值坐标》，让自己的能力一层一层有目标地实现突破。

如果专业是一个支点，那么如何基于专业、超越专业呢？

第一，专业的向上精进。

我的咨询领域的师傅郭玲老师就是在企业教练领域里不断精进专业，用了20年时间成为人力资源咨询领域里的顶级专家。这时候，企业教练已不再是职业，而是她的生命，是幸福的源泉。

在组织里，你也可以专业精进，很多公司的人才发展通道会分为专业序列和管理序列，对于高精尖的技术人才也会设有"首席科学家"之类的最高荣誉。

其实，对于超级单兵而言，所谓头衔变得并不那么重要，重要的是不断向上精进本身就是一种成就感和幸福感。

第二，专业的平行迁移。

同样的专业可以平行迁移到其他组织或其他行业。

举个例子，小李，是机械工程专业出身，原本在一家传统工厂工作，后来他把自己的专业迁移到无人机企业。随着中国无人机制造的崛起，他也跟着打开了更广阔的发展空间。这，其实就是竞争力四象限图中，把自己擅长的优势迁移到未来专业的过程。

池大鱼大，同样的鱼，到不同水池看到吃到的会不一样，水流自然也会推着鱼到更广阔的大海。

第三，专业的组合创新。

我自己就用过专业组合优势。我精通韩语，从大学到MBA一直研究管理。管理+外语，会出现什么组合优势呢？在韩国的演讲市场中就能具备独特的竞争力，我是用韩语授课的老师中最懂中国和管理的，在讲师里韩语讲得最好的。

专业组合的方式还有很多种。首先，可以职能组合。"技术+销售"就能成为技术驱动的企业中的销售冠军。"业务+人力资源"就可以知道做好业务需要什么样的人，很容易成为很好的人力资源管理者。

其次，也可以行业组合。例如，种总，原来在国美任职，后在华夏幸福基业。"零售业+房地产行业"的组合，在他做医药行业新零售的时候竟然派上用场，他的社区资源和快速开店的组合能力就变成他独有的核心竞争力。

专业 1 可以给你第一根长矛,"专业 1+ 专业 2"的协同效应就能给你别人一时间很难模仿的"长矛竞争力"。这里要强调,如果专业 1 和专业 2 产生不了协同效应,比如,你就是开辟了简单的新的副业多赚一份额外收入而已,那你顶多就是两个点,很难形成以点带面的效应。

第四,专业的领导力。

丁总,曾在浪潮集团发展一路顺风,从一开始做技术,再到销售顾问,最后成长为行业销售总监。有一次他来找我咨询,觉得自己这些年一直做管理,没什么专业优势。像他这样觉得自己没专业的管理者其实还挺多。他们觉得"管理"这事让谁坐上那个位子,给予权力就都可以,并不具有技术壁垒。

其实在很多组织里,"领导力"是一种稀缺能力。我在西点军校学习领导力的时候,导师就讲道:"领导力其实也是天赋,加上系统的培养和刻意练习就能成为你自己的竞争力,甚至是一个军队的核心竞争力。"所以,西点军校在招军官的时候,很看重候选人有没有当过学生会主席或意见领袖。对他们进行系统的培训,再派到真正的战场实践,通过极限的挑战,最后才能成为卓越的军官。

专业,可以给你自己备一个刃,领导力可以给你整个军队无数个刃。

经过了四度专业修炼,想必你对专业已经有了不一样的认知。专业,不仅是在细分领域里的认知和技能,更多是要通过专心地打磨,专注于客户,专研突破的方法,最终以专业为支点撬起更广阔的世界。

最后,回归到专业的本源。专业,这个词的词根"Profess"在西方语言里的意思是,向上帝的承诺,意味着对敬业、职业的自我决定和自我承诺。

所以,练内功,始于优势的自我认知,止于专业的自我承诺。

05 重点笔记

落地战略:舍九取一,是战略落地的第一步;
长矛策略:专业,就是超级单兵的第一根长矛;
优势,是理想自我与现实自我的交集;
专业,是对敬业、职业的自我决定和自我承诺。

专业的四项修炼:
修炼一,单点切入:始于优势,终于优势;
修炼二,单点击穿:始于现象,终于本质;
修炼三,单点环绕:始于客户,终于客户;
修炼四,以点带面:始于专业,超越专业。

推荐阅读：

［日］大前研一，《专业主义》，裴立杰译，北京，中信出版社，2015。

［美］奥托·夏莫，《U型理论：感知正在生成的未来》，邱昭良、王庆娟、陈秋佳译，杭州，浙江人民出版社，2013。

第四章

快执行：混沌中小步快跑

没有执行，愿景只是空洞的承诺
未来执行，需要混沌中小步快跑
启程出发，出局看局，卡位未来
快速行动，快中有慢，慢中有道

定好战略、练好内功，接下来就得真刀真枪干出结果，让自己吹过的牛——成为现实，这才是王道。可是，你立下的那些 flag 都实现了吗？

著名管理大师拉姆·查兰在《执行》一书中强调执行的重要性时说："如果没有执行力，愿景只是一个空洞的承诺……"人生也如此，美好的愿景、立下的小目标，都需要脚踏实地干出结果来才能成为赢家。

但，干就完了吗？大多数人都以为凭借一腔热血和勤勤恳恳，只要努力干事就能成事，其实不然。但凡想进步的人其实都不缺乏执行的意愿，缺的是有策略地执行。这也是为什么马云都说："我宁愿要三流的战略加一流的执行，也不一定要一流的战略加三流的执行。"

过去，落地执行上级指令就是一流的执行，而如今，传统接受指令式的执行模式已经不奏效。因为，我们已经在复杂的"深水区"，前路不明、水流变化，还频频出现黑天鹅或灰犀牛[1]，分分钟可能都把你灭了。

面对如此不确定的环境，甚至你的上司也不知道该怎

---

1 灰犀牛：源自古根海姆学者奖获得者米歇尔·渥克的《灰犀牛：如何应对大概率危机》一书，比喻大概率且影响巨大的潜在危机。

么做，过去的成功经验也不一定正确了。这就需要单兵在资源不足的情况下，自己摸着石头过河，探索不确定的前路，在变化中求变，在问题中创新，在危机中转型。这种需要快速适应变化、成本小、风险小的快执行模式，我们把它称之为"小步快跑"策略。

01 "小步快跑"策略

美国作家埃里克·莱斯在创业畅销书《精益创业》中就提出过"小步快跑"策略，运用在创业、创新和产品研发上，后来成为互联网时代大流行的执行策略。

"小步快跑"，指的是当有一个好想法的时候，不是闭关三年横空出世一个惊天动地的成果，而是以最低的成本、最快的速度去尝试一个哪怕还不够成熟的东西。然后基于反馈升级迭代，如果好，就继续做；如果不好，就赶快转换方向。

"小步快跑"策略，拆解来看有三个含义：

- "快"，执行速度快；
- "小步"，小改进，快迭代；
- "跑"，灵活转型，或快速撤退。

首先,"快"。速度快、争时间、占优势。

在争分夺秒的战争中,快速抢占先机非常关键,有时哪怕早于敌人5分钟就能改变战局。抗美援朝时期,我们英勇的志愿军38军113师就创造过5分钟的奇迹。1950年11月,在第二次战役中,38军接到"快速插到三所里"的命令。三所里是美军第8集团军腹地的一个村庄,是他们后退必过的一道"闸门"。38军冒着严寒连夜出发,14个小时急速前进70多公里,比敌人早5分钟抢先占领了"三所里",堵住了美军的退路,最后取得了整个战役的伟大胜利。

这,就是"快"的力量,竞争中占领优势地位,甚至决定成败。

但"快"也需要有策略地"快",不能期待一口气达到目的地。所以,需要以"小步"策略进行改进、快速迭代。

"二战"时期,德军拥有着诸多"世界第一"的军备。但正是在这种自豪感的笼罩之下,德国的军工研发部门总想捣鼓出最顶尖的武器,却始终没能让装备升级换代。苏联却不像德国那样挥霍科研资源,而是让战士们先用上实用的装备,不断升级换代。比如,T34火炮的口径最早是76毫米,后升级为85毫米,战斗机也是从雅克–1到雅克–9,再迭代升级到大战期间最轻盈的雅克–3,这样一步步不断迭代升级。苏军的军备用"小步"迭代的策略,虽然没有德军武器那样惊世骇俗,却打造出了一支强悍的大军,最终一雪前耻,挥师柏林。

这,就是以"小步"快速迭代、厚积薄发的力量。

最后,就是"跑"。"跑",不仅意味着往前冲,也意味着撤退。

在中国近代历史上最伟大的"跑",应该就是红军的两万五千里长征。正如美国知名新闻记者海伦·福斯特·斯诺曾评价,长征不是一种失败逃跑,而是一种战略转移,在毛泽东和党中央的领导下,长征转变为斗志昂扬的胜利进军。

这,就是"跑"的意义,在面临强敌时,"往前跑"是为了灵活地甩开对手,"往后跑"是为了保存实力,择机反攻。

将"小步+快+跑"组合起来的"小步快跑"策略,在现代商业战争中也屡见不鲜。美团,就是以"小步快跑"崛起的典型案例。

美团,于2010年成立,2018年上市时以510亿美元市值成为仅次于BAT[1]的第四大互联网公司,业务涉及餐饮、生活服务、金融、酒旅、文娱、出行等诸多领域。美团涉足的每个领域其实都有巨头企业竞争,但神奇的是,美团一次又一次打入竞争激烈的新赛道,竟然都能跑到行业前三。

今日资本投资人徐新曾说:"王兴是个善于不断拓展疆

---

[1] BAT: B指百度、A指阿里巴巴、T指腾讯,是中国三大互联网公司百度公司(Baidu)、阿里巴巴集团(Alibaba)、腾讯公司(Tencent)首字母的缩写。

域的人，任何业务一旦美团进入，必然是深度渗透，彻底重组。"他是怎么做到的呢？

首先，美团常设一个创新业务部，平日就像雷达一样扫描市场趋势，一发现机会就会派出"独立团"，先迈出一小步尝试。一旦卡到位就快速渗透，这就是往前快跑，让对手措手不及。2020年4月8日，华为P40正式发售，美团仅用28分钟配送华为手机而上了热搜，这让终极对手阿里巴巴集团都备感紧张。

当然，美团不仅擅长"快进攻"，也擅长"快撤退"。从团购大战到外卖，期间美团也是适时砍掉了上百个试水项目。这就是"小步快跑"的优势，以小成本快速试错，快速调整，如果不行就快速撤退。

小步尝试、快速渗透、快速调整，不行就快速撤退，用这个策略，王兴在所有人都认为有了BAT就没有机会的互联网江湖里，杀出一条血路，甚至互联网上曾有说法，说我们已经从BAT时代（百度、阿里、腾讯）进入到TMD时代（今日头条、美团、滴滴）。当然，王兴的机遇不可复制，但他的策略值得我们学习。

通过军事和商业中的应用，我们理解了"小步快跑"策略及其威力。同样，个体的工作和发展中也完全可以启用"小步快跑"的快执行模式。

开发新产品，先快速开发最小可行性产品，基于用户反馈快速迭代；

转换新岗位，先从小项目开始做出小成绩，再进一步扩大绩效战果；

推动组织变革，先从一个小流程或小部门试点，再推广到全公司；

创业新模式，先切入一个小市场，如果模式能跑得通，再加大投入。

"小步快跑"的快执行模式下，单兵在有限的资源下做出小成绩，在所在组织或客户中积累信任，并通过快速迭代提高竞争力。就算失败，成本也是可控的。

总而言之，"小步快跑"策略，是从"小单元"切入，通过"快行动、快迭代、快撤退"的方式，更高效、更低成本、更有效地逼近目标。

这，既是这个快时代的生存之道，也是不确定未来的发展之道。

02 为什么"小步快跑"不简单

"小步快跑"策略并不难理解，但真跑起来可不那么简单。包括我自己在内的很多人虽然也试图小步快跑,但很容易遭遇滑铁卢,甚至成为职场烈士。那么,小步快跑到底难在哪里?也在小步快跑的你,真的跑对了吗?

先让我们看看为什么有时候做不到小步快跑?因为,内心有三个"见不得"。

第一,见不得不完美,想一步到位。

小果是我曾经的助理顾问。我发现,她每次交付报告不到最后的最后就不交上来,甚至有时还要超时,这常常会给最后的报告整合造成压力。刚开始,我还以为这是拖延的工作习惯,但后来她告诉我,是因为不能接受自己交出不完善的报告,生怕被上司认为没水平,才一直憋着改到最后才交上来。

对自己要求高固然不是坏事,但像小果这样,到最后时刻提交后再发现问题,有时还要全部返工就会更加麻烦。我告诉她,先沟通好思路后,她可以先快速做出哪怕不完美的草案,一起反复讨论迭代版本,就能避免不必要的返工。

很多时候,想一步到位就是迈不开小步的最大阻力。请你接纳不完美,不要过度在意别人对你不完美的评价,一切完美都是从不完美开始优化出来的。

第二,见不得失败,以执着为荣。

朱总,是我的客户,六年前如火如荼地做起特色小镇开发项目。刚开始第一个小步迈出去还挺顺利,借着国家鼓励特色小镇建设的政策，很快申请到了 100 万的前期项目专项经费。这让他坚信这个项目一定会成功。

但是，真正开始跑起来却并不顺利，先是开发方案没能得到当地政府的支持，好不容易说服领导却又遭到大资金方的反悔。总之，到现在他已经搭进去好几百万元的自有资金，还支出着团队的各种成本，但项目却迟迟没进展。我们判断政策红利期已过，且内部资源和组织能力上不够继续支撑这个项目，但他始终想证明自己是对的，认为执着才能成功，所以都陷到债务的无底洞里了，还不肯放手。

执着固然是好品质，但撤退也是一种勇气。一小步的胜利并不代表全程会一直胜利，在迈出每个下一步时我们都要时刻准备撤退，做好失败的预案。

第三，见不得慢，急切地想成功。

我自己曾经就是这样急切想成功的主儿。曾有个咨询项目，客户 R 公司邀请咨询团队做组织变革。那时候的我非常急切地想做出标杆案例。

到公司调研诊断一周，我就快速行动，三天内洋洋洒洒写了几十页漂亮的 PPT，新的组织调整方案就这样交到老板手上。我满心期待老板为我的专业点赞，可他却很客气地说："辛苦了，我先看看再讨论。"然后，就没有然后了。很长一段时间，我连老板的面都没见着，显然这个方案晾在那里未能通过。

后来，经过很多轮的研讨、无数个版本的修改，方案相比最早的设计已是面目全非。接下来，我想把新的组织方案宣贯给部门管理者，希望他们配合落地新的机制。可一方面，大家业务忙得四脚朝天，无暇顾及；另一方面，变革总会给一些人带来压力，遭到强烈反对。到现在我都依然记得，一位强势的副总在会上直接拍案对我说："不好意思，我那边有业务上的急事，咱们这个会能结束了吗？"

那天，我真的都怀疑自己的专业水准，甚至怀疑人生了。在组织里负面情绪的蔓延下，这场组织变革计划只好被暂停，我想要的标杆案例却成了失败案例。

我郁闷地在操场一圈一圈不停地跑啊跑，满脑子都是问号，为什么我那么强烈地想做好这个项目，快速行动做了很有信心的方案，也想从小范围开始快速推动落地，却遭遇失败了呢？难道仅仅是因为我自己操之过急的心态吗？

我发现，"小步快跑"策略的成功，其实不仅仅需要平和的心态，还需要正确的跑法。如果没能用正确的跑法，很可能出现跑得越快、死得越快的结局。我在一圈一圈的跑步中，对R项目一遍一遍地复盘，总结出了四个教训。

首先，没热身就开跑。

到新组织或开拓新项目，经常出现新官上任三把火的现象，但第一步应该要做的不是急着立大功，或者变革这种大动作，而是先做好热身准备工作。

就当时的我而言，只做了一周的调研怎么能了解公司全貌呢？比如，我没掌握不体现在组织架构里的关系网络，也不知道我这个方案谁最有可能反对，单凭老板支持就往前冲，只能被打一轮就败下阵来。

所以，先从小动作开始热热身，对组织、对项目有更深的理解后，找到小的突破口，立下一些小功，获得同事和老板的信任，这时再快速跑起来就容易很多。

其次，跑错方向。

我在之前的作品《学得会的老板思维》中讲到过，职场中"你交付的结果"和"老板的期待"之间有很多不对称。往往我们只顾着快速跑，却没搞清楚方向。

在我的第一方案被晾很久后，经过研讨出炉最后版本的时候我才意识到，自认为专业的方案其实只是基于我自己的视角。我并没有真正以客户为中心，领会公司的战略意图。做方案的过程中，我也没有和公司上下深度沟通，并不了解他们关注什么、顾虑什么、期待什么。这也是为什么一开始方案没能通过的原因。

所以，执行的方向要匹配战略方向，基于客户需求与老板期待的方向才是你要快执行的方向。

再次，没拉着团队一起跑。

80% 以上的执行失败，并不是方案本身的问题，而是团队和资源的支持问题。

当时我一味地想快点拿到老板的尚方宝剑，却忽略了一开始就应该将一些关键人员纳入到重要的研讨会议中。我并没有听取他们的诉求和顾虑，而是直接开始宣贯。如果利用前期的研讨，让他们充分理解为什么要做变革，对他们自己和对公司有什么价值，获得认同和支持，后面就不会出现尴尬至极的冲突那一幕。

做任何事，甚至你是自由职业也需要团队协同。所以，千万不要自己小步快跑就完事，而是要把团队甚至客户拉进来一起跑。拉着团队一起共创，达成共识，就能更容易获得支持和更多的资源，方案就能更加顺利地落地执行。

最后，核心肌肉没练好就快跑。

"速度"固然重要，但在自己的核心肌肉并不强大的时候快跑是会有风险的。

当时我急于求成，在自己的专业内功还没炼好的情况下，仅凭一腔热血就开始操刀组织变革。就新的组织方案而言，在还没形成可以支撑落地的团队力量的时候，我就贸然建议一步推行到位。当方案的推行遇到阻力的时候，根本没有核心的专业能力和团队力量能够支撑和掩护我往前冲。

经过对失败的复盘，我开始理解"天下武功，唯快不破"其实还有下半句，"以慢打快，以柔克刚"，也就是快中有慢，慢中有快。所以，想要执行快，必先谋定而后动。

想要执行好,先做好与人的思想工作,刚柔并济才能运筹帷幄。

所以,只有真正理解了"小步快跑"的用意,放下完美、接纳失败、不急不躁,掌握正确的跑法,这时候开启快执行模式才不会掉到坑、踩到雷。

03 混沌中起跑的三个出发点

如果说,正确的心态、正确的跑法可以帮你开启小步快跑,避免受伤甚至过早地牺牲,那么,超级单兵真正的"超级"在于,混沌中自己探索和设计路径,创造性地解决问题,而不是简单执行指令的传统执行模式。

在混沌中如何探索出更好的小步快跑的路径呢?这就要从三个出发点开始。

出发点一:出局看局,跳出自身半径。

平日里我喜欢和一些高人下围棋,人生如棋,棋如人生。超级单兵与一般单兵的不同就在于,他不仅仅只看棋盘上的一颗子,更是会纵览全局去下每一步。

想要纵览全局,起跑的第一步就绝不是"跳进去",而是"跳出来",出局看局。

丁经理,是一家芯片设计公司的大客户销售。三年前,我作为管理顾问帮助其公司制定年度经营目标和执行计划。公司此前主要服务于美的、格力等，但随着家电商品毛利下降，他们的盈利空间也在缩水。公司希望转型到具有增长潜力的新能源充电桩行业，逐步退出家电行业市场。基于这个战略意图，我们也对绩效目标和激励政策做出相应调整，期待能够刺激销售部门快速开拓新的充电桩行业大客户。

一个月后，在每月定期的目标推动会上，丁经理很有情绪。原来，她通过一周三次的勤奋拜访好不容易挖到了一个客户需求。她在会上提出两个不满：首先，抱怨公司支持力度不够，技术也不配合，自己一个人搞不定客户；其次，抱怨销售激励政策不合理，凭什么同样额度的订单，家电项目的提成比例就少？

这就是只看到自己那一颗"子"，没看到"局"的单兵。花一个月时间拿下200万元家电项目的单子固然不是坏事，但于公司整体大局而言，要垫资生产投入成本，却对开拓充电桩行业的战略目标毫无帮助。甚至，如果给她配更多的技术支持，可以看成是人力资源的一种浪费。同样一个月的时间成本，丁经理应该集中精力攻克充电桩行业的山头，这样公司肯定会给予她更多资源和支持。

所以，当你开始跳进去快跑之前，先跳出来至少想清楚下面三个问题：

- 对某件事开启快执行模式时，执行的初心或目的是什么？
- 你所要执行的策略路径，是否与组织和客户的战略意图匹配？
- 当你开始小步快跑时，需要哪些关键人和资源的支持？

出发点二：卡位未来，延伸一步。

高手走一步棋的时候，都会想清楚下一步，甚至是后三步。进攻时，有策略地通过"子"形成"局"，形成"势"，被进攻时，多布几个眼，多活几口气。

职场也是如此，谁能更早看清未来三步，谁就可以尽早布局。马云曾说，最好的销售能看见 1 年的业绩，管理者至少要看得见 2~3 年，卓越的领导者能看到 10~20 年。如果你做不到看那么远也没关系，先从刻意练习延伸"下一步"开始。

什么是延伸"下一步"？举个例子，淘宝上什么都能买，甚至轮胎。淘宝的运营负责人就想，有多少用户买了轮胎是自己装或换的呢？中国大部分人其实是不会自己换轮胎的，所以，买了轮胎基本都会去找汽车修理店或者4S店更换。网上买的轮胎送到单位或者家中其实都是非常麻烦的事情。

基于此，淘宝的运营团队延伸多想了一步，就是集合线下汽车服务店和4S店的位置，让用户在网上买轮胎时就可以选择就近的汽车服务店,不仅可以送货到那里,还能提前预约换轮胎服务。多考虑一步用户需要什么、有什么不方便,调整的运营方案既提高了用户满意度,也方便了物流安排。

其实,卡位未来并不是想多么遥远的事,就是从对方的视角多往前想一步。

你可以先从下面"正负"两个方向切入,尝试延伸想一步:

- 正:从对方(用户或老板)的视角,下一步还有什么需求?如何解决?
- 负:有没有提前要防范的风险要素,需要什么措施防范?

出发点三:落子无悔,敢做不完美的决定。

"小步快跑"的过程中,我们会遇到大大小小的分岔路,需要你做出决定。当你出发的时候,就要敢于做决定,落子无悔,承担后果。

阿里巴巴集团董事局主席兼首席执行官张勇在湖畔大学分享过自己职业转型经历中的一个体会。张勇曾是很优秀的财务管理者,后来转到业务时很多人问他,做财务和做业务最大的不同是什么?他回答:"最大的不同是你要敢做不完美的决定。"他强调，往前冲打开一条血路就需要快速敏捷，接纳犯错误，甚至承受损耗。这也是为什么以前马云总说CFO（首席财务官）不能干CEO的原因。

我很认同张勇说的一段话："地球是圆的，坚持到最后，往东了，只要你还活着，就是往西。最怕来回折腾，最消耗、最没有成果，而且最让团队崩溃。产业终局一定不是一段路可以走到的，我的工作就是在产业终局和现在之间，找到一条歪歪斜斜的路……"

确实如此，人们总是想找到那个最完美的决定，想求最快的捷径。但现实中，虽然直线是点到点之间最短的路线，但这个世界上的大部分事情，从开始到结束更多呈曲线状。所以，接纳曲线才能有底气落子无悔。

总而言之，超级单兵从"出局看局、卡位未来、落子无悔"的视角和原则出发，就能更加全面地考虑问题，面向客户和未来制定执行策略，更勇敢地做出决策并快速行动。

04 快执行的四个行动节点

人，是靠行动获得结果的。所有愿景、目标、策略，最终都要落到一步步的行动上去。快执行最终是否有好结果，也要看行动是否快速和有效。

不同岗位、不同项目的具体行动一定会不一样，但行动流程上大同小异。你可以按照如下四个关键的行动节点，一步步推动自己的行动。

- 行动节点一：角色认知；
- 行动节点二：创造任务；
- 行动节点三：设计路径；
- 行动节点四：资源支持。

行动节点一：角色认知，厘清担当什么角色职能

在工作中，你有没有过"做少了不是，做多了也不是"，不知道应该做什么才是对的境遇？这，就是因为角色不清晰导致的。

在未来越来越敏捷的组织协同形态下，一个单兵的角色在不同行动中有可能是不一样的。你可能在 A 项目中是领导者，在 B 项目中是顾问，在 C 项目中是支持者。

所以，在"动"之前，最好第一步先厘清自己在行动中需要扮演的角色。那么，想要成为超级单兵，都要承担哪些角色职能呢？

第一，方案的设计者。

你有没有觉得自己参与设计的方案，执行起来更有意愿，也更加顺手？所以，超级单兵就应该主动担当方案设计师的角色。

著名投资人达利欧在《原则》一书中鼓励大家把自己想象成一部大机器里运转的小机器，并明白你有能力改变你的机器以实现更好的结果。他说："对人来说最难做的事情之一是客观地在自身所处环境（即机器）中看待自身，从而成为机器的设计者和管理者。大多数人一直把自己看作机器中的工作者。如果你能够看到这两种角色之间的区别，并且看到成为自身生活的良好设计者与管理者要比成为机器中的工作者重要得多，你就走到了正确的道路上。"

超级单兵就是主动设计工作的人。如果照方案去执行，顶多是初级执行。如果根据目标主动快速地设计方案去执行那是更胜一筹。而真正的高手是，在自己的领域里，主动考虑大局，提前发现问题，设计出好方案去解决问题。

当然，如果你本身就是在领导岗位，就需要统筹行动方案的设计；如果你只是团队成员，至少要承担"参谋"的角色，主动贡献自己的好想法。

第二，业务的推动者。

在自己的工作领域，超级单兵肯定是要担当专业的业务推动者的角色。但你有没有遇到过自己所谓专业的工作却不被老板或客户认可的情况呢？

小顾，就是这样一个专业的人力资源专员。我们因咨询项目结缘，也因她的专业和上进，作为顾问的我曾推荐她晋升。后来，晋升为人力资源经理的她为了担任好这个角色，自费去参加人力资源管理培训，学到了一套专业的人力资源管理工具。她很想在自己公司推行这个工具。可是，这个做法竟然被老板批评了。她很不理解地找我问："为什么我用专业的管理工具却被老板骂呢？"

因为，专不专业不重要，能不能推动业务才重要。这里指的"业务"，除了你的岗位专业领域的业务，更重要的是公司整体的业务绩效。

不是只有销售才涉及业务，人力资源、财务以及任何职能岗位都应该从"业务视角"去推动自己的工作。比如，HR做一套人才素质模型，并不是要凸显多专业、专业得甚至让人看不懂，而是实实在在转化为挖好高管的招聘标准，帮公司节省猎头费，转化为能力培训，直击业绩目标的达成。所以，我常常和一些HR说："不以推动业务为导向的人力资源管理都是耍流氓。"

所以，在行动中不管你是领导者还是只是团队成员，你都要成为一个能够从"业务视角"跑出结果的业务推动者。

第三，团队的共建者。

不管做什么，超级单兵都不是一个人快跑。

承担团队中的角色，你需要思考的就不仅仅是自己分内的工作内容和业绩，还要考虑他人的诉求。

- 如何让团队（或客户）愿意和你一起跑？他们需要什么？
- 如何帮助他们出色地完成他们的工作业绩？
- 我自己在团队中通过什么工作贡献什么价值？

如果，你不考虑团队中的角色，再优秀也不容易获得资源，更没有人愿意支持你。没有协同的力量，仅凭自己，或许可以跑得快，但却跑不远、跑不久。

所以，如果你是领导者，就成为大家的领跑者；如果你是团队成员，就成为更好的陪跑者，从"团队视角"考虑你应该做什么吧。

第四，环境的营造者。

你有没有见过那种团队里的开心果或者意见领袖，人见人爱营造气氛的小伙伴？又或者，你的上司中，有没有过那种特别能激励大家干活的领导？他们，都是环境的营造者。

川，就是一个很有趣的环境营造者。刚认识的时候，他是客户公司的销售。他很风趣、爱运动、讲义气，很受兄弟们喜爱。川一路升到销售总监，虽然公司的销售提成与竞争对手相比没什么竞争力，但奇怪的是他的团队骨干宁肯少挣钱也不离开。我问团队为什么，他们说："除了赚钱，开心工作很重要，我们觉得在川总的团队里很快乐，他可以和我们玩到一块去，也能激励我们成长。"

所以，快乐向上的环境营造者也能得人心、创业绩。

理解了方案设计者、业务推动者、团队共建者、环境营造者这四个角色，你看看自己现在担当着什么角色，应该是什么角色？

在很多事情上，我们不是单纯扮演一个角色，而是需要担当多重的组合角色，甚至这四个角色有时候要同时担当。重要的是，你知道在接下来的行动当中自己是什么角色、担当什么职能，就能清楚知道应该做什么、不该做什么。

行动节点二：创造任务，解决期望与现状的差距

清楚了角色认知，接下来就要确定关键任务了。请注意，有些任务指令并不是真正的任务，那什么才是"真正的任务"？

接到任务指令时，你需要厘清两个问题：

第一，你要执行的任务指令，是你要搞定的真正任务吗？

比如，作为程序员的你接到"请修改 App 的某一个功能"的需求，这个任务是为了解决用户投诉，还是做产品迭代呢？最终到底改成什么样的功能呢？

再比如，作为人力资源主管的你接到"请做个裁员方案"的任务，这个指令是因为公司想要降低成本而裁员，还是为了业务转型而组织优化呢？公司真的需要裁员吗？是不是除了裁员，还有其他解决方案呢？

发现了吗？其实一个执行指令下来，当不知道任务真正的动机和期望，你有可能锁定的任务目标根本就不对，导致做出来的结果未必让人满意。

所以，接到任何需求、任何指令时，首先要做的动作并不是马上按自己的理解行动，而是了解清楚动机和期望，锁定真正目标，再针对性地执行任务。

第二，没人给你任务指令，你有没有主动创造你的目标任务？

今日头条创始人张一鸣曾分享过，他们公司的管理方式和传统方式不一样。他们会尽可能把公司的目标和现状共享给员工，然后让每个人主动去想"我做什么能够有助于公司实现目标？"所以，今日头条员工的工作目标并不是通过层层分解下达的，而是自己设定自己的目标，基于这个目标决定相应的工作任务。

在这样的组织里，几乎就没有人会给你特别明确的指令，来一一告诉你今天该做什么，明天该做什么。老板很可能只会告诉你大的方向，最多和你一起对目标达成共识，所以你需要主动创造自己的工作任务。

那该如何创造自己真正的目标任务呢？

著名绩效改进专家格兰特和莫斯利的客户导向绩效分析模型可以帮助我们找到思路，如图4-1所示。

客户需求 → 期望状态 → 当前状态 → 现有或预测差距

图 4-1 格兰特和莫斯利的客户导向绩效分析模型

目标任务，源头应该来自于"客户需求"。这里指的"客户"是泛指的对象，你所服务的客户、给你下达目标的老板、需要你支持的同事，他们要么是你的外部客户，要么是内部客户，只要是你要交付结果的对象，都泛称"客户"。

基于客户需求，找到期望状态，与当前状态进行比较，找到现有或预期差距。解决期望与现状之间的差距，就是你的目标，有了目标就能创建你的任务。

比如，顾客觉得当前"打车不方便、也很贵"，那么"期待更便捷、更便宜的出行"就是期望状态。这之间的差距就能创造出一种需求，可不可以在手机上随时随地呼叫出租车。这，就是滴滴出行产品经理最初的目标任务。

如今很多产品和服务已不再停留在满足客户的基本需求，因为随着客户的成长和变化，客户需求也在不断变化和升级。这也是为什么我们不仅要找到那些引发客户抱怨的"痛点"，还要找到"更好"体验的解决方案，这样才能让客户"从基本满意到超级满意"。

假如，期望状态过高，与当前状态的差距特别大，无法一下子达到怎么办？

这里借用阿里巴巴集团的"三条线"绩效管理曲线来看如何确定和管理期望。阿里巴巴集团在与员工共同设定绩效目标的时候，老板通常会看三条曲线。第一条是期望线，第二条是现状线，第三条是目标线，介于期望线与现状线之间。

参考这三条绩效管理曲线，我们自己也可以设定自己人生或工作的三条线。在自己设定目标线的时候，还可以再追加设定两条线，基础目标和挑战目标，并通过"小步快跑"策略，快速拉升自我目标线，无限接近期望线，如图4-2所示。

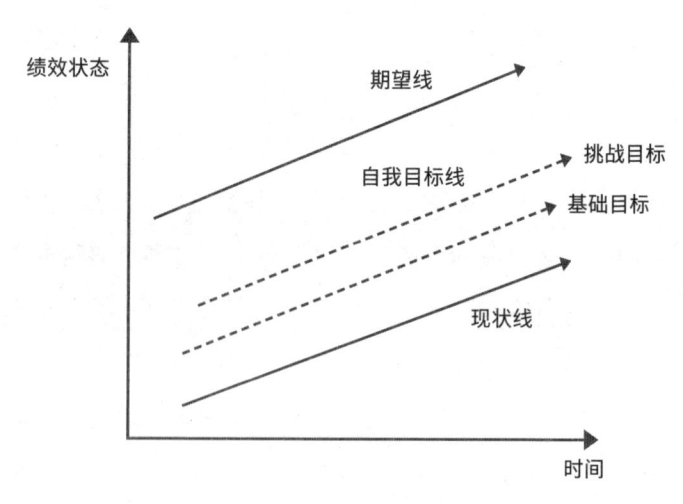

图4-2 绩效管理曲线

再进一步，随着目标线不断拉高，还需要创建新的"期望线"。比如，顾客以前没有智能手机也没觉得不方便，即便出现了智能手机，也从未期望过一部手机还能没有按键、自主下载 App、可以移动支付。但这些都是苹果公司自己不断拉高对自己的期望线，不断给自己提需求，做出了改变世界的智能手机。

每个人的工作也一样，没有人会直接告诉你明确的需求和期望，只有你自己快速洞察、快速锁定真正的目标任务和目标线，才有可能做出超出预期的成果。

行动节点三：设计路径，与自己和世界头脑风暴

锁定了目标任务，接下来就要设计路径了，也就是问题的解决方案。

通常，解决问题有两种基本路径：

- 路径一，分析型：界定问题—分析问题—原因分析—解决原因；
- 路径二，创造型：创造问题—创意迸发—创意组合—创造可行性。

不管是分析型还是创造型，解决问题的路径并不是拍

脑袋就能想出来的，设计路径的过程其实就是与自己、与世界不断进行头脑风暴的过程。

过去，我们更多时候会采用分析型，通过分析来解决问题。而未来，超级单兵会面临更多创造型问题，你甚至不知道问题是什么，也没有经验可循，需要更多创意来创造可能性。那么，创意都是怎么迸发出来的呢？

这里分享三个如何引发解决问题的创意的思考范式供参考。

第一，创造问题。找到关键问题，不断追问根源。

世界上很多问题，如果找准了"真正的问题"，一半其实已经解决了。

举个例子。美国首都华盛顿广场的杰斐逊纪念馆年深日久，建筑物墙壁斑驳，甚至出现裂纹。政府非常担忧，派专家们调查原因。最初大家以为蚀损建筑物的是酸雨，后来发现，原来是冲洗墙壁的清洁剂有酸蚀作用，而该大厦墙壁每日被冲洗的次数，大大多于其他建筑，导致这栋大厦比其他大厦更快速地腐蚀。

为什么要每天冲洗那么多次？因为大厦每天被大量鸟粪弄脏。

为什么大厦有那么多鸟粪？因为大厦周围聚集了特别多的燕子。

为什么燕子就喜欢聚在这里？因为建筑物上有燕子最喜欢吃的蜘蛛。

为什么这里的蜘蛛那么多？因为墙上有蜘蛛最喜欢吃的飞虫。

为什么飞虫在这里繁殖得多？因为这里的尘埃最适宜飞虫的繁殖。

为什么这里的尘埃最适宜飞虫繁殖？没什么，只是尘埃在从窗户照射进来的阳光下显得特别多，刺激了飞虫繁殖的兴奋。

原来，窗户照进来的阳光下飘着的尘埃刺激了飞虫繁殖，飞虫招来蜘蛛，蜘蛛引来燕子觅食，燕子吃饱了就近在大厦方便。所以，问题的源头就出在大厦的窗户照进阳光。那么，解决问题的方案就是：拉上大厦的窗帘。

找到关键问题，不断追问为什么，找到问题的根源，自然也能找到解决方案。

第二，跨界联想。抱着问题睡觉，抓住闪念刺激。

稻盛和夫在《干法》一书中讲过，他有个工作理念是"抱着产品睡觉"。

这源自稻盛和夫的一次产品创新的成功经历。他在京瓷工作的早期，公司要求他用镁橄榄石研发出一种新型材料，可使陶瓷的绝缘性能加倍。当时最大的问题是没能解决黏合的问题。稻盛和夫遇到难题，陷入了苦思冥想中。突然有一天，他在车间里走动时踢翻了一桶松香，松香粘在裤子上，就在那一刻，他瞬间得到启示。"这就是黏合剂啊！"他用松香来黏合镁橄榄石的创意大获成功。

这次的成功不仅让他收获了科研成果，更重要的是找到了迸发创意的秘诀。他发现，"日思夜想，只想一个问题"指引他产生创意。这个发现让他从一个排斥工作的人彻底改变为热爱工作的人，不断创新，最终成就了两家世界500强企业。

如果我们能像稻盛和夫那样"抱着问题睡觉"，你会发现，所看到的、听到的一切都会给你灵感和答案。

我自己也常常有这样的体验。就比如，在本书的写作过程中，当我日思夜想某个问题，那么无论是我看到孩子玩游戏时，还是和客户讨论时，无论是跑步时，还是和朋友闲聊天时，甚至是看电影、刷抖音的时候，都感觉老天在给我推送有用的素材。不经意的一个场景、一句话、一个东西都能引发出我的灵感。

这，就是"抱着问题睡觉"的力量，它会吸引你注意到一些"闪念"，而这些闪念结合你的问题恰恰就能产生出创意。

其实，我们在工作和生活中的很多闪念是在无意识中被忽略过去的。如图4-3所示，当你有意识地聚焦在某一

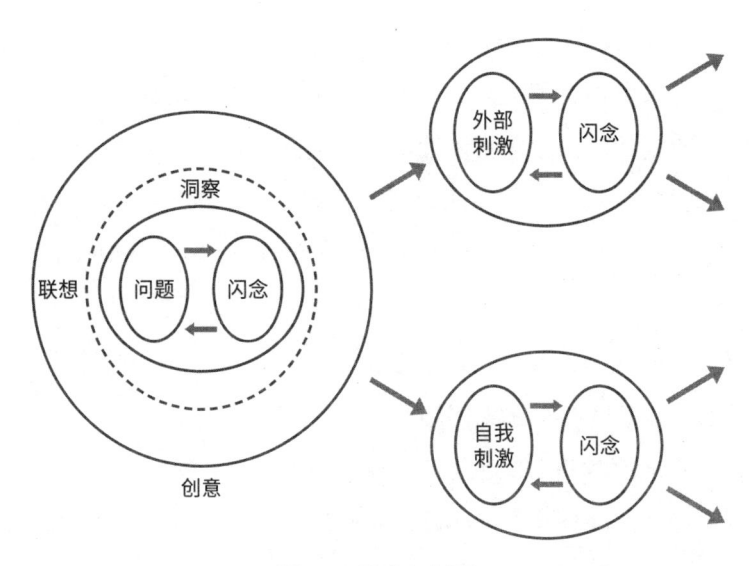

图 4-3 闪念与创意

个问题，外部刺激和内部刺激所产生出的闪念，结合这个聚焦的问题，就能产生意想不到的化学反应。而且，一个新的想法会不断地通过刺激裂变出更多新想法。

简单来说，创意来自"问题+刺激+闪念"结合下迸发出来的新想法。

创意的诞生虽然也有运气和偶然因素在，但如果你真正用心聚焦在你日思夜想的"问题"上，努力洞察，敢于打破，处处联想，就会更容易遇见创意。

第三，重构组合。本质要素不变，换一种组合形态。

世上的很多创意创新并不是从无到有，而是重构要素后呈现的新的组合形态。

著名画家蔡志忠先生在接受《生命》访谈时,讲过一个水的故事。水从高山冲下,经过急流,经过湿地,碰到沙漠,就过不去了。水就哭了,说:"沙漠是我人生的宿命,水永远越不过沙漠。"这时,风就和水说:"水啊水啊,你不只是水,水只是你一时的形态。你可以变成水蒸气,然后变成云,我可以给你吹过沙漠。你变成雨,再下来,然后就变成水,所以沙漠对你就不存在。"

水的故事告诉我们,当我们面临一个新问题,你若依赖过去的路径,可能就没有解决方案了,因为你就像故事里最初的水那样将自己框定死了。但其实,就像后来的水变成不同形态到达目的地那样,你也可以找到其他的可能性。

如上面水的故事,重构要素成为新形态,就可以找到新的解决问题的路径了。如图 4-4 所示,某种东西或任务本质上并无改变,但通过拆分要素,提取一部分,或者重

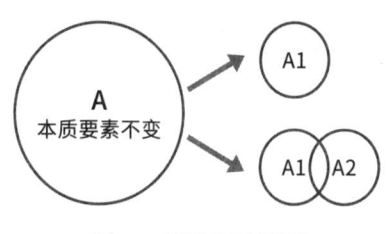

图 4-4 重构要素模型

构要素成为另一种形态，就可以形成不同概念的东西，也就可以另辟蹊径。

举一个商业案例，美国茶商托马斯·沙利文为了推销茶叶，就拿丝绸来包着少量茶叶送给潜在客户品尝。不太懂茶的客户没把丝绸打开就直接泡在水里，觉得还挺好的。第二次，当客户下单的时候沙利文就给了一磅一磅的茶叶。结果客户就问："原来有丝绸包，现在怎么没有了呢？"他一下子受到启发，推出了一袋一袋的袋泡茶。托马斯·沙利文也因此成为推动茶叶工业化进程的第一人。

我们现在所熟知的茶品牌"立顿"于1888年创立，一直不温不火，直到推出了袋包装茶叶才开始火起来，甚至超过了茶叶大国中国的茶叶品牌，成为全球最大的茶品牌。如今仅在英国，6000多万人口每天消耗1.3亿包袋泡茶。

发现了吗？其实"茶"本身并没有实质性的改变，立顿也好，后来风靡的抹茶、绿茶精油等茶相关的衍生产品也好，其实都没有改变茶的本质，只是在形态上重构形成新概念或新产品，推到市场效果却是截然不同。

产品可以重构，工作流程、团队分工、时间分配其实都可以通过"重构"的方式进行创新和变革。

从此刻开始，建议你进行刻意练习，找到最近要解决的难题，聚焦到这个"问题"，抱着问题睡觉。运用上面提到的创造问题、跨界联想、重构组合的三个思考方式，尝试刺激灵感，相信你一定能找到想要的答案。

行动节点四：资源支持，提前预售你方案的价值

任何行动的成败并不取决于单兵一个要素，如果你希望在行动当中尽可能少阻挡要素，尽可能多资源支持，那么就必须学会获得组织内、外部的认同和支持。

如何获得各利益相关者的支持？那就需要提前预售你的解决方案，说服他们当你一旦开跑就站在同一战线帮助你。想要成功说服对方，就要过下面两道关。

第一关，你的方案与对方需求有哪些价值连接点？

对方为什么要支持你？因为，你可以给予对方某些符合需求的价值。

刘总，是我的客户，是一家智能售货机运营服务公司的创始人兼首席技术官。刘总的团队研发了新一代智能售货机，准备铺到某城市的各大小区。当时资金并不充裕的他们一边和社区谈布点的合作，一边和投资人路演谈下一轮融资。

有一天，我陪他一起去见投资人和合作伙伴。我发现，研发出身的刘总一开口都是很自豪地讲述他的新一代产品以及自己的领先技术。比如，他的智能售货机的货道比同类产品有多么先进，那里面的零部件都是他亲自到德国淘回来的等。新货道技术的详细说明固然足以证明刘总是技术大牛，但却没能打动对方合作。

投资人关心的是投资回报问题，社区关心的是安全问题。他却没能告诉投资人，货道专利技术能帮助减少多少运营成本，提高多少利润率；他也没告诉社区合作伙伴，货道的专利技术如何能保证出货安全零出错率。甚至对内部合伙人，刘总也没告诉他们重金砸在货道零部件上对大家有什么好处，从而引来不少质疑。

这，就是没能在"客户需求"与"解决方案"之间建立好价值连接。同样一个技术，对不同的对象其价值都不同，唯有告诉清楚对他们自己有什么价值，才能说服对方，获得资源支持。

第二关，如果方案遭到质疑，谁会是最大的反对者？

不管好坏，所有方案不可能没有质疑的声音，总有人会提意见甚至反对。所以，你要做好听到不一样的声音的准备，还需要提前认真准备应对策略。

建议在公开你的方案之前，先进行"事前验尸"。也就是自己作为"批评家"，列出这个方案中可能被质疑的点，尝试自问自答。你最好还要盘点哪些关键人可能会提出质疑以及为什么？这些人的质疑背后有哪些诉求？

应对这些质疑的方案可以从两方面考虑。一方面，对利益相关者的顾虑提供"缓释方案"。比如，有些人怕出问题担责任，那就要帮他先拿到权威的背书，有些人则只是多一事不如少一事不想多干活，那就替他们减少工作量。你需要识别出反对者背后的顾虑，帮助他们解决那些麻烦。

另一方面，尽可能增加"价值砝码"。可以是方案本身带来的好处，也可以是方案以外的好处。比如，你可以帮助他完成绩效指标，或者解决其他对他重要的事情，来换取对你这件事的支持。这些争取工作最好在正式会议之前，以非正式沟通的方式进行，尽可能不在公开场合出现一大片反对声。

如果，现场真遇到质疑，也请你不要先掉入情绪的坑，着急反驳。我以前就是一有不同声音就特别着急想辩论。有一次，我们为东风悦达起亚提供组织管理变革方案，对方有几位不太同意，我特别着急，非常强势地跟他们辩论，想快点说服他们。在对峙的气氛和双方激烈的情绪下，我们判断恐怕当天无法达成共识了。所以我们特意中断了会议，建议过两天再讨论，为的也是冷却情绪。

会后复盘，资深合伙人问："你今天看起来很强势，你觉得自己赢了吗？"我无言以对。她建议我："其实，我们需要的不是强势的反驳，而是温柔的坚定。"确实，我们很多时候大可不必面红耳赤地与对方理论，让对立的气氛升温，在那种情绪的感染下，没有人会认真听你说什么内容，只会越来越顽固地坚持主张。

温柔的坚定，确实是一个看起来很温柔的杀伤性武器。几天之后，在和东风悦达起亚的下一轮研讨中，我看到资深合伙人首先对共识的部分给予了肯定，甚至还赞美对方为方案共创带来有价值的建议。之后，她平和地解释我们设计方案的用意，以及对他们公司和个人有什么价值。神奇的是，5分钟前我说过的一句话马上被对方反驳，而5分钟后资深合伙人连词都不带换地说了同样的一句话，对方竟然非常认同，达成了共识，还承诺给予所需要的资源支持。

《思考，快与慢》中，诺贝尔经济学奖得主丹尼尔·卡尼曼已经证明，人有靠直觉的快思考系统和主动控制的慢思考系统。人们自认为头脑清楚，富有逻辑，但实际上大脑却是先动用不理性的直觉来判断决策。所以，人其实是非理性地做决策，会因为喜欢，所以认同。所以，平时就多攒人品让他人喜欢你吧。

请记住，你的行动需要各利益相关方的资源支持。站在对方的视角，为对方提供价值、排解顾虑，以温柔的坚定预售你的方案，相信你的前路没那么多石头。

通过角色认知、创造任务、设计路径和资源支持四个关键行动节点，超级单兵可以更加清晰、主动、创造性地迈出每个行动的步伐。但这只是相当于一套基本动作，超级单兵需要不断重复循环这套动作，在小步快跑的快执行中，少走弯路，升级迭代，最终达到想要达到的目的。

最后，作为本章的小结，也作为延伸到人生的思考，我想分享我从跑步运动中得到的启示。

人生，就是一场马拉松。执行，就是一步一步脚踏实地跑到目的地的过程。这个快速变化的时代要求我们开启小步快跑的模式。但在对快的配速和完赛的追逐中，我们很容易就忘记跑步的初心、出发时设计好的策略，省略中间站的补给，甚至动作姿势会变形。这样的小步快跑，还能跑得远、跑得久吗？

我们在人生路上，也在小步快跑地尝试不同职业、不同项目，甚至不同活法。在这个过程中，我需要成为自己的"教练"（方案设计者），统筹设计和安排路径；我也应该是竭尽全力的"跑者"（业务驱动者），一步步刷新成绩；我还要成为"领跑或跟跑者"（团队共建者），带动并跟着跑团的朋友一起跑，我更是一个啦啦队（环境营造者），激励自己、激励朋友、营造跑团的文化。

我逐渐找到了适合自己的心态、适合自己的跑法，也学习了正确的跑姿。跑了三年，我才开始理解，村上春树在《当我谈跑步时我谈些什么》一书中所说的那句话的含义："我写小说的许多方法，是每天清晨沿着道路跑步时学到的。"

人生就是边跑边学。所以，告诉你各种方法论后，我依然想对你说，唯有自己跑起来，自己干起来，你才能探索出真正属于自己的执行之道。

05 重点笔记

混沌中"小步快跑"： 快行动、快迭代、快转向的快执行模式；

平和的心态： 放下完美、接纳失败、快中有慢；

正确的跑法： 先热身、方向对、一起跑、练核心。

混沌中起跑的三个出发点：

- 出发点一：出局看局；
- 出发点二：卡位未来；
- 出发点三：落子无悔。

快执行的四个行动节点：

- 行动节点一：角色认知，厘清担当什么角色职能；
- 行动节点二：创造任务，解决期望与现状的差距；
- 行动节点三：设计路径，与自己和世界头脑风暴；
- 行动节点四：资源支持，提前预售你方案的价值。

推荐阅读：

［美］拉姆·查兰等，《执行：如何完成任务的学问》，刘祥亚等译，北京，机械工业出版社，2016。

［美］丹尼尔·卡尼曼，《思考，快与慢》，胡晓姣、李爱民、何梦莹译，北京，中信出版社，2012。

第五章

价值网：超级单兵不是单兵作战

没有人会是一座孤岛，超级单兵不是单兵作战
价值网，就是一起成长、一起突破的虚拟团队
价值网，是传播、放大、交换价值的生存结构
依靠它，能快速成就，依赖它，就是禁锢自己

让我们重新翻看你的《年度策略地图》，请你盘点一下，当你已经拥有专业那根长矛、在快速执行来落地你的战略目标和策略时，仅凭你的一己之力是否能够做到，或者就算你自己可以做，效果是不是最大化的？

回顾人类的发展，《人类简史》中说过："智人之所以能征服世界，是因为有独特的语言。"也就是说，人类拥有了"从个体到群智"的力量，社会才得到了前所未有的进步。

在原始时代，通过人类语言构建人与人的连接，让人们在恶劣环境中生存和进步；在如今的互联网时代，通过计算机语言所构建的网络世界，不仅仅为人们开辟了另一个生存空间，更是帮助实现更高效、更广泛增长的可能。借助群智的力量，借助互联网时代的力量，才是这个时代单兵能够存活下来，并事半功倍的生存之道。

这就意味着，超级单兵不是单兵作战。

一个单兵想要在激烈的竞争环境中生存并脱颖而出，首先，需要发展机会，让自己创造价值；其次，需要助推的力量，极大地发挥自己的优势，放大个体价值；最后，需要变现的力量，通过价值交换，让个体的价值能够快速变现。

价值创造、价值放大、价值变现，这一系列的活动并不能只靠一个单兵就能完成，而是需要提供所需资源和能力的价值网络。只有拥有符合时代的、具有竞争力的价值网络，才能最大化地引爆超级单兵的价值。

我们把这个超级单兵赖以生存与发展的价值网络，称之为"价值网"。

01 超级单兵的"价值网"

价值网（Value Net），这个概念来自于战略管理领域，是哈佛大学商学院管理经济、竞争与策略教授亚当·布兰登勃格和耶鲁大学教授拜瑞·内勒巴夫共同提出的，解释了商业活动中参与者的连接关系。

在商业世界里，企业生存于自己的价值网中，由团队和供应商一起创造产品，通过与客户交易获得收入，并在市场上与竞争者竞争奠定市场地位，还通过补充者共同完善产业链。所有参与者在价值网中一起创造价值、放大价值和交换价值。当位于价值网中心的企业形成足够影响力时，就会形成"生态圈"。所以那些超级企业都在构建自己的生态圈，像阿里系、百度系、腾讯系、小米系皆是如此。

同理，在职场世界里，超级单兵也需要建立自己的

"价值网"。

价值网，就是超级单兵能够创造价值、放大价值、价值变现的生存结构，由客户、供应商、补充者、竞争者这四类核心角色构成。

超级单兵与每个角色的连接关系称之为"连接"。这些角色既可以是一个人的个体，也可以是组织，甚至还可以是人工智能硬件或数字化系统。这也是为什么我们用"连接"这个词，而不是"人脉"。

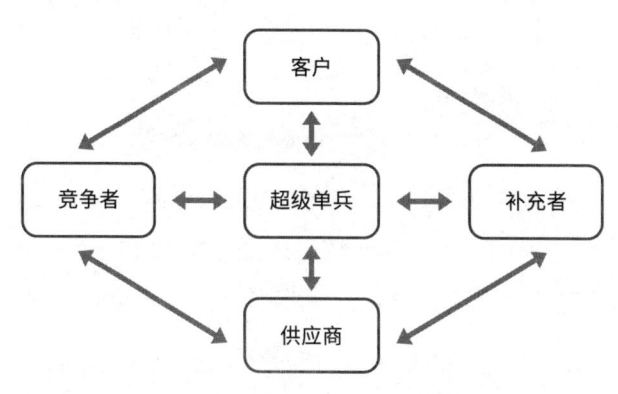

图 5-1 以超级单兵为中心的价值网

让我们先厘清这四类核心角色的含义，来理解价值网的构成。

第一，客户。

客户，是价值创造的出发点，也是价值变现的终点。

超级单兵的客户，一类是内部客户，指的是你所在组织的上司或协同部门的同事，他们需要你来交付一些模块的工作，最终完成整体系统的工作；另一类是外部客户，也就是为你的产品和服务埋单的客户。

请注意，不要把组织的客户混同于你自己的客户。如果你离开了平台，就和你不会再发生任何连接的客户，算不上你自己价值网中的客户。这不是鼓励你花心思挖走老东家的客户，而是促使你反思，哪一天你即便去了别家企业，哪怕做了其他的工作，你曾经的客户是否愿意为你背书，是否愿意交给你新的项目甚至转介绍其他的客户？

第二，供应商。

供应商，是为你提供所需要的资源要素的角色。

超级单兵的供应商，一类是内部供应商，比如，产品、技术、服务等内部团队成员；另一类是外部供应商，比如，资本、渠道及其他合作伙伴。

请注意，供应商并不一定是你需要花钱采购服务或支付薪金建立团队。比如，我在出新书时就是和布克加BOOK+这个平台合作，布克加BOOK+的编辑团队和我一起构思内容、帮我走出版流程、后期推广，最终一起输出一本书的内容价值给读者们。于我而言，布克加BOOK+是我的出版供应商，反之，对于布克加BOOK+而言，我是他们的内容供应商。我们一起共同创造价值，合作共赢。

第三，竞争者。

竞争者，就是对你的生存和发展构成威胁的角色。

超级单兵的竞争者，一类是同行业或同组织中可替代你的竞争者；另一类是竞争行业或竞争组织中可灭掉你的竞争者。

为什么还要关注和连接竞争者呢？人们往往认为竞争者之间是零和博弈，只存在竞争关系，有你没我，有我没你。而在《合作竞争》这本著名的战略管理书中，提出了"竞合关系"，既可以竞争，也可以合作的关系。竞争者其实也有积极的作用，可以提供往前冲的推动力，也能给予一些同行业的新动向，甚至有时候可以一起把产业的蛋糕做得更大。

第四，补充者。

补充者，就是能够给你赋能的外部角色。

超级单兵的补充者，一类是能够提供补充产品或服务的外部角色；另一类则是不在主业上发生交易的赋能角色，比如，导师、教练等，间接帮助提高能力。

请注意，前面提到的供应商是互补能力，补充者的区别在于是在核心业务和能力范畴之外拓展能力边界。比如，我作为合伙人做人力资源咨询项目，请的咨询顾问就是供应商，可以提供人力资源IT系统的科技公司就是补充者，教我人力资源咨询方法论的导师也是补充者。

上述四类角色，包括客户、供应商、补充者、竞争者的角色与超级单兵的连接关系有四个特点。

特点一，双重角色。在自己的价值网中，自己就是中心角色。但在其他人的价值网中自己同时也扮演着客户、供应商、竞争者和补充者等这些参与者角色。

特点二，以价值连接。不同角色之间的连接关系是由"价值"所建立。"价值"可以是显性价值，如信息或经济利益；也可以是隐性价值，如情感或关系。所以，价值，绝不只是当下某种利益的体现，而是未来的获得感的体现。

特点三，价值双向流动。在价值网中，价值是双向流动的。虽然流动的价值大小不一定完全对等，但如果只有一个方向的长期输入或输出，这样的单向的连接就无法稳定地延续下去。

特点四，动态网络。价值网是一个动态的价值网络，如果能够优化这些角色，不断增加价值，整个价值网的能力也会越来越大。反之，如果整个价值网的资源能力不符合时代或者不符合你的发展要求，那么需要更换角色的担当者，否则严重时甚至会出现整个价值网一起没落甚至走向死亡。所以，价值网是需要更新迭代的，不然反而会成为阻碍你发展的桎梏。

请你盘点一下：

Q1：你是否已经拥有了属于自己的"价值网"的四类角色？

Q2：与这些角色的连接有没有产生价值网的核心价值来赋能你呢？

02 "价值网"的核心价值

到底"价值网"应该产生哪些核心价值，它如何赋能一个单兵呢？

"价值网"最大的价值，其实就是能够给予你落地战略目标的支撑能力。

价值一：孵化能力，形成生存内循环。

多年前，刚从企业出来美其名曰成为自由职业者的我，赚到的第一笔收入就是通过构建一个价值网所获得的。

那时，我从清华大学同学那里得知一家国有企业正在选择培训供应商。什么都没有的我竟然毛遂自荐去竞标。但承办这个项目需要三个关键能力：第一，定制化的培训方案；第二，交付课程的老师资源和专业能力；第三，商务资质和支持。

我作为咨询顾问出身，策划培训方案倒是可以，但后面两项能力是"瘸腿"的。因此，我先是和清华大学校友导师郭老师建立合伙人关系，借助她所在咨询公司的资质去参与竞标，获得商务和行政上的支持。然后，通过郭老师连接到了清华大学领导力培训中心为我们提供优质师资。

这样一来，三个基本能力就基本构建完毕。最后一环是竞标，我通过研究竞争对手，打出了"咨询式培训"的差异化理念和培训模式，并结合清华大学师资的专业优势，打败了另外三家竞争对手，成功拿到了第一个项目。之后，因这个项目的成功，我拿下了这家客户的整个一年从新员工到高管的所有培训项目。

有了第一个客户的成功案例，在清华大学校友圈中传开了口碑，不仅更多的客户自己找上门寻求合作，这些优质的客户资源还引来了其他合作伙伴。比如，IT 系统服务商东软提出是否可以将咨询培训和 HR 管理系统解决方案捆绑在一起服务客户。还有高管猎头公司、教练机构等供应商都希望合作。

我因连接到了清华大学校友群的优质客户池，不断挖掘到了商业机会；连接了清华大学领导力培训中心获得了其师资的专业能力；连接了校友的咨询公司加强了方案的定制化能力和培训管理能力；连接了产业内外的补充者，共同拓展服务范畴。

我发现这个价值网不仅倒逼我形成了承接培训项目的核心能力，更重要的是，形成了一个具有信任的内循环。

我与客户、供应商、合作伙伴之间都形成了共赢的信任基础，我们之间也互相推荐更多商业机会，一起合作，一起共赢。

这，就是价值网内的信任与合作共赢的力量，可以形成赖以生存的核心能力。

价值二：并购能力，形成杠杆效应。

单兵一个点的能力肯定是有限的，而如果通过价值网，并购更多更高的资源和能力，就能形成更有效的杠杆效应，放大你的价值。

几年前，我曾经推出过自己的第一门在线视频课程《商务沟通与礼仪》，但那时候我并没有什么意识要去借助价值网的力量。可想而知，课程做出来基本无人问津，最后顶多就成了给客户的样板视频而已。

2018年，我和即刻知识共同推出职场在线课程《学得会的老板思维》，通过并购即刻知识这个平台的两大核心能力，也就是内容策划编辑能力和渠道拓展能力，我的课迅速上线各大知识付费平台。当然，从即刻知识的角度，他们也并购了知识付费平台的流量资源，也并购了我的内容创作能力。

借助《学得会的老板思维》这个知识产品，我又连接到一些大型咨询公司和互联网大学，它们也成为我的客户或者供应商。这些机构都有细分领域里的影响力，在全国分别有几十家分支机构，通过与这些机构的合作，我撬动了其他地区市场，也更加迅速地提升了在业内的知名度。

能力的并购，相当于给单兵更超级的铠甲、更多的补给，不被竞争淘汰，还能跑得更快。这，就是价值网的杠杆效应，以点带面传播和放大你的价值。

价值三：刷新能力，形成迭代效应。

价值网是动态的，如果你能够不断优化价值网，它会无形之中承托你，帮助你刷新能力，拓展出新的发展空间。

种总，是我的一位企业家客户。有一次，他邀请我助力他完成一个互联网医疗项目公司的组建。为了给他组建新公司，我需要做到三件事情：第一，需要做出未来三年的战略发展规划；第二，需要帮他找到合适的团队，特别是关键岗位的高管；第三，需要帮他融资，不仅要修改商业计划书，还得和投资人路演。

那时候，这三件事对我都很有挑战，现在想来很感恩种总竟然信任我。帮助他的过程中，每件事都帮我积累了新资源和能力。第一，医疗行业资源。为了做战略规划，不懂这个行业的我跟着种总拜访了医药企业、医生、医疗服务等产业链的不同企业和牛人。第二，高端猎头能力。为了给新公司找合适的CFO，我连接到一些不错的候选人。除了被录用的那位之外，其他候选人我就对接到其他公司。如果之后再接到猎头项目我也完全可以承接下来。第三，融资能力。通过帮他融资，我不仅学习、提高了商业计划书的撰写和路演能力，还连接到像高瓴资本、真格基金、鼎辉投资等机构的著名投资人，也结识到一些金融圈的人一起介入到其他项目中。

我的价值网，从咨询培训的客户、顾问、老师、合作机构的连接，拓展到猎头、医疗产业、投资等其他领域的资源和能力。而当我的价值网发生改变和升级，我发现不仅刷新了自己的能力，还创造出来另一个增长空间。

总而言之，价值网的核心价值就是通过给予你孵化能力、并购能力、刷新能力，成为支撑生存的支点、促进增长和迭代的杠杆。

价值网的力量如此重要，那我们应该拿什么去构建自己的"价值网"呢？

03 拿什么构建"价值网"

价值赋能"连接"。

价值网，是通过"价值"构建与四类角色的连接，也就是连接你与客户、供应商、竞争者和补充者的关系。你需要站在他们的视角，找到对方所需要的价值。

第一，以"共赢价值"连接客户。

连接客户的最好切入点，就是真正理解客户需求，找到可交换的共赢价值。

多年前，我在移动互联网公司负责商务拓展时，主要任务就是连接大客户，也就是大品牌手机厂商。那时候不像现在可以从应用商店自行下载 App，手机屏幕入口都是大手机厂商掌控，像我们这种不知名的小应用确实很难打入进去。

经朋友介绍，我们终于约到了与潜在客户 N 公司的会面。与我们会谈的是渠道销售部的林总监和他的团队。虽然我们的产品经理很卖命地介绍产品，但对方的神态已经出卖了他们不感兴趣的心。

茶歇时间，其中一位主管悄悄告诉我们说："你们讲那么多产品没用，我们今年的业绩指标都还没完成，林总监哪有工夫推动新项目呢？"这个听起来很沮丧的友情提醒却是帮了我们大忙。

下半场我们改变了策略。我们不再讲产品，而是直接问："你们今年的业绩指标还差多少？如果我们能帮助你完成业绩，你能帮我们推动产品部采购预装我们的产品吗？"一听到销售指标，林总监突然像换了人似的变得积极起来。

发现了吗？"完成 N 公司销售指标"这个价值不仅帮助销售部完成目标，也帮助我们完成预装任务，并且他们销售越多，我们的用户也会越多，这是共赢的价值。后来，我们成功达成合作，将我们的 App 预装进 N 公司品牌手机。

到这里拿下了客户就建立了价值网的客户连接了吗？不！N 公司林总监只是组织的客户，并不是你自己价值网中的角色。

和林总监建立了初步连接后，我得知他想离开 N 公司，就给他介绍了高端猎头，不仅帮助他跳到另一家世界 500 强企业，还帮他争取到了更高的职位和年薪。

跳槽后的他，不仅又帮助我拿下新项目，甚至若干年之后，得知我做管理培训，他还向自己公司人力资源总监推荐我。这时，他已然纳入到了我自己的价值网中。

所以，想要以共赢价值连接客户，需要在两个层面实现共赢。第一，组织层面上的共赢；第二，关键人个体层面上的共赢。只有你能够连接到这两个层面的共赢价值，客户不仅仅是组织的客户，最终也可能变成你价值网中的客户。

第二，以"互补价值"连接供应商。

想做成任何事，都需要供应商。但是你如何成功连接到强大的供应商呢？

小胡总，是一位年轻的创业者。多年前，他想做食品自助售货机项目，可他需要大食品厂商以更低的价格提供品牌食品。可是，他这样的小创业者哪个大食品公司会放在眼里呢？

小胡总之前在一家食品工厂工作过，深知食品工厂常常因为生产计划做得不好而困惑，生产多了成本高，生产少了又缺货。小胡总就在食品自助售货机后端开发了人工智能系统，可以掌握什么食品这个月在哪些人群里卖出多少的数据。

显然，一旦他的食品自助售货机铺开来，这些数据是食品生产厂商非常重要的参考数据。果然，谈判过后，多家大型食品企业主动提出，小胡总不需要以采购形式备货铺货，而是由厂家直供所需要的货品，以期共享掌握销售追踪数据。就这样，小胡总一分钱没花就搞定了大品牌供应商，解决了供货问题。

所以，小蚂蚁不是不能和大象合作，关键有没有创造大象所需要的互补价值。

第三，以"独特价值"超越竞争者。

竞争者，看起来是前进路上的绊脚石，但其实反倒往往是进步的重要动力。无论你体量多小，只要找到差异化的独特价值，都能够在竞争中找到空间。

我除了咨询培训的主业，有时还以高级翻译作为副业，只是从没想过专门往翻译产业深耕的我一直都是以自由翻译身份接项目。但作为一个单兵，我一个个体又如何与有规模的翻译公司竞争呢？

J公司是一家汽车公关公司，为了成为韩国现代汽车发布会活动承办方，他们需要一位翻译，翻译资料和现场路演。现代汽车评审委员会中有一半是韩国人，所以J公司非常重视翻译这个环节，准备从几家翻译公司中找最好的翻译。我经一位师妹的推荐，递交了我的简介，得到了面谈机会。

通常，翻译公司的专业翻译的简介都会强调曾经做过哪些项目的翻译，有什么专业资格证等，在竞争时也会通过打价格战胜出。但是，我深知J公司最在乎的并不是一点价格差，而是如何传递好提案内容，成功拿下项目。

因此，我和他们介绍我时强调的除了翻译经验，更着重于对现代汽车的了解，曾在公关公司的工作经历，以及未来推荐他们到其他韩国企业的可能性。"懂翻译、懂企业、懂公关"，这成为我的独特价值，如果你是J公司，在同等价格条件下，会选我还是翻译公司呢？

后来，在交付这个工作的过程中，我不仅简单翻译提案资料，还结合我的顾问能力，帮助优化了方案，并在提案现场及时助攻解答对刁难的问题。拿下项目的J公司，感谢之余还把我推荐给他们客户公司做了更大的咨询项目。

职场的竞争中、市场的竞争中，超级单兵要学会"差异化"，用独特价值超越竞争者，让客户心甘情愿埋单，这样才能在激烈的竞争环境中生存和进步。

第四，以"未来价值"连接补充者。

如果对方是提供补充产品、共享客户的补充者，其实还算好连接。补充者中有难度的是那些没有直接交易关系，但可能会赋能于你的补充者。他们往往是比你更高段位，也拥有更多资源和能力。可他们为什么会帮助你呢？

我依然记得 2006 年春天，一个明媚的周五下午，我轻轻推门进入著名管理学家潘承烈教授的办公室。我万万没想到，那一天竟会成为一次人生转折点。

潘承烈教授是著名的管理学者，曾和数学家华罗庚一起在英国伯明翰大学做过访问学者。那时候他致力于研究中国式管理创新，他的文章都是通过内参传递到国家领导人、央企高管参阅。大家都非常敬重他，亲切地喊他"潘老"。

这样的高人如何成为我人生的贵人的呢？有一次，我看到他让单位秘书处的人编辑和打印他的文章，我主动请缨："潘老，要不以后我帮您编辑、装订好后直接送到您这儿或者需要传阅的人那里吧。"潘老见我很诚恳，欣然接受了这个提议。

这就是我和潘老连接的开始。我并没有图什么，只是真心想帮他编辑好文章。如果有那么一点儿私心的话，就是想学习他的文章。我如愿以偿，通过编辑潘老的文章，学习管理思想和创新案例，遇到不懂的问题也借着送文件的机会请教他。

那天我也是像往常那样向他请教问题，潘老耐心地讲解后便问:"我看你很好学,有没有想过留学深造呢?"我当然想,但不知道怎么去。第二天,他递给我亲笔写的英文推荐信,让我去面试英国大使馆的留学项目。在潘老的推荐下,我成功申请了英国三大院校之一的英国伦敦大学学院(UCL)的硕士项目。这一走,不仅给我的人生增加了浓重的一笔,还改变了我日后的职业发展轨迹。

英国留学回来后,我加入了一家国际管理咨询公司。时隔多年拜访潘老,很想当面感谢他。我回想当年,感慨地问:"您当初为什么会主动帮助我一个新人呀?"他微笑着说:"因为,我在你身上看到了未来。"

确实,那时我抱着极大的学习热情,也常常不知天高地厚地分享我的见解,还跟潘老畅想哪一天我也成为像他那样的管理学家,帮助他人帮助企业成长。他看到了我的梦想,看到了我的努力。他给我的绝不是一份推荐信,而是未来。

潘老的贵人相助让我开始明白,"价值"并不一定是马上给对方带来摸得着的好处,而是让对方看得见未来可期的蓝图,感受对未来的激情和希望,那也可以是一种价值,叫作"未来价值"。

不难发现,不管是共赢价值、互补价值、独特价值还是未来价值,其实背后最根本的核心出发点,都是站在对方的视角考虑问题、解决问题,也可以统称为"利他的价值"。

当你能够以"利他的价值"帮助他人时，会吸引那些能赋能你的角色加入到价值网中，也才能够充分发挥价值网的核心价值。

04 从点到网打造"价值网"

想要打造自己的"价值网"，应该从哪里着手呢？你可以从点到线、到面、再到网，一步步有意识地打造自己的"价值网"。

- 点：打造个人品牌；
- 线：打通供需连接；
- 面：构建连接空间；
- 网：高势能价值网。

点：打造个人品牌

价值网的起点，就是先打造"自己"这个中心点的价值。

让"自己"更有价值，且让世界知道你的价值，才能吸引和连接更多优质的资源为你的价值网赋能。为此，第一步先要打造职场中的个人品牌。

很多人误以为埋头苦干就自然形成职场个人品牌，其实不然。努力做好工作那是具备了"品"，但"牌"没打出去，别人不知道你有什么价值。还有人以为，身处知名公司或者身居高位就有了个人品牌。但那只是"组织品牌"，离开了组织，离开了岗位，那些光环就会被扒下来，你，又是谁呢？

你可能会问，我又不是明星，也不是多牛的人，怎么打造自己的个人品牌呢？

第一，给自己一个定位标签。

在商业世界里，一个好的品牌就等同于一个品类，比如，格力＝空调，海底捞＝火锅……那么，当人们想到你的名字时会想到什么？又在什么时候主动想到你？你是某领域专家？还是坐拥百万粉丝的网红？又或者是有资本的投资人？

定位标签，如同导航，你的标签其实就是你给他人的认知里立下的路标，他们会顺着标签找到你。通常需要给自己定位几种标签。

标签一，工作标签。我曾做过国家领导人的外事翻译，这个标签在职业初期确实帮助我提高了知名度和价值。但问题来了，后来我明明已经转行做管理顾问，可大家脑海里我的标签依然是高级翻译，需要翻译时就会想到我。所以，定位不仅仅是让他人记住你过去的辉煌，更应该植入未来想让大家记住的你的身份。

标签二，特质标签。被誉为人设女王的明星经纪人杨天真曾分享过，人们会记住放大的某种特质。比如，巩俐是霸气女王型、马伊琍是简单干练型、宋佳是文艺型。她们接剧本时也会挑选和特质相匹配的，而不是盲目接戏。明星如此，超级单兵也如此。虽然每个人身上多种特质，但需要找到一个风格，并且这个风格需要和你的工作标签相匹配。

标签三，反差标签。人们对一些职业都有刻板印象，但有时候正是打破这些刻板印象反而能让人记忆深刻。新冠疫情期间红起来的"最不像专家"的张文宏医生、"最嚣张"的钉钉程序员承越，都是这样与职业印象有反差特质的案例。

标签四，组合标签。比如，我在一个社群里看到过一些有趣的签名档，"爱跳抖音的供应链网红""一颗少女心认真创作的互联网金融专家"，这些组合的标签是不是还蛮有趣？！有趣的灵魂，总会让人产生想进一步了解这个人的兴趣。

在定位自己标签的时候，你可以从三个视角考虑：

- 卖点：你有没有与众不同的价值可以满足他人需求？
- 竞争：要么人无我有，要么人有我强的优势在哪里？

- 创新：你有没有重新定义了哪些标签？

定位好自己的标签，如同产品做品牌定位一样，能够快速让他人记住你、信任你、想到你。所以，请提前准备好标签向世界展示你的价值吧。

第二，品牌符号。

人们因为什么而对一个人产生好感，愿意连接他呢？

《思考，快与慢》中说，当我们做出选择时往往是直觉起作用。决定买一件东西、和一个人交朋友、和一家公司合作，这些决定看似理性，但其实往往都是感性在起作用。

要影响人的感性认知，需要视觉、听觉、感觉上的刺激符号，将这些刺激符号如同锤子一样"敲"到别人的脑海中。比如，永远穿灰色T恤的脸谱网（Facebook）CEO扎克伯格，永远大红唇的范冰冰，把"oh my god"挂在嘴边的网红李佳琦……他们都是利用独特且重复性使用的某种符号而让人印象深刻。

这些符号不仅让人印象深刻，甚至还能影响对你的价值评价。曾经一度，我到客户公司就会备受挑战。我经常被问道："您是老师的助理吗？顾问怎么这么年轻？"这背后其实是一种质疑："这么年轻你行吗？你的建议对吗？"当客户带着质疑时，我需要耗费大量力气先证明自己，才能说服对方接受我的解决方案。

于是，我决定先从调整感知的符号入手。乌黑的大长直发换成知性的短卷发，A字裙改为干练的正装裤，演讲时穿着理性的宝蓝色，随身带的签字笔、保温杯都换成商务风，还一改温柔的声音，开会时用更深沉的语调慢速地说话，给人营造一种理性和知性的感觉。很神奇，这些质疑声不再出现了，之后客户们还常常说："小兰老师往那儿一站就觉得很专业。"

看到了吗？在职场中，你身上的所有符号都会影响到你的影响力和信任度。想在竞争中脱颖而出的你，先审视一下自己的品牌形象是不是和你的职业相匹配，是不是能够为你的个人品牌加分？

第三，价值主张。

有了自己的定位，有了让人记得住的品牌形象，接下来你需要让对方知道你的价值。这就需要传播你的价值主张。

产品也好，人也罢，都是始于颜值、止于价值。价值主张，就是传递你的价值对对方有什么意义。比如，可口可乐的价值主张是"快乐"，李宁的价值主张是"一切皆有可能"，所有品牌都通过自己的价值主张而与众不同，也会吸引那些认同价值主张的顾客群体。

超级单兵也需要输出自己的价值主张。工作中，看起来你交付的是工作成果、是产品、是服务，但实际上真正让你的个人品牌具有内涵的是价值主张。稻盛和夫的"利他经营"、巴菲特的"价值投资"、马斯克的"科技创新"、马云的"让天下没有难做的生意",这些都是最牛超级单兵们的价值主张。那么,你对自己的工作、对他人是否可以用一句话概括自己的价值主张呢?

你的价值主张未必是全新创造的概念,"专业"的服务、"极致"的产品、"超快"的执行力……只要形成能够让人记住的竞争力,都可以成为你的价值主张。

比如,吴总是一位投行高管,他平时传递的价值主张就是"全力帮助别人解决问题",小到帮朋友团购水果,大到企业上亿元的融资,他都特别热心帮助别人,大家都叫他"吴办成"。凭借这一点,他在北京的金融圈以及其他各行各业里结交了不少人脉,有项目大家自然也会想到能够靠谱解决问题的他。

价值主张好比一个产品的广告词,能够让他人更深度地理解你的内涵。

有了品牌定位、品牌形象、价值主张,更广泛地传播你的个人品牌,能帮助你更容易地撬开资源,也能够更快速地获得信任,加速价值交易的决定。

线:打通供需连接

有了自己这个中心点,接下来就能和其他人或组织的点连接为"线"。这里的关键就在于如何打通供需连接。

第一，洞察多维需求。

不管是做商业还是从事职业，都要从需求出发，传播和输出自己的价值。

我们先以茑屋书店的案例来看如何围绕"需求"输出价值。茑屋书店是日本著名的连锁书店，在电商充斥的这个时代，其实体店竟然依然人流不断。为什么茑屋书店会如此吸引人？

茑屋书店虽然是连锁书店，但每家分店都不是标准化"产品"，而是基于当地顾客的需求，配有不同的装修风格、不同品类的产品和不同的体验。比如，家庭主妇常常光顾的店里会摆着各种美食杂志，旁边还卖杂志里出现的厨具。显然，这里已然不再只是书店，而是以"客户为中心"的体验店，不仅满足了读书买书的需求，还满足了客户多维度体验的需求。

从"我有什么给什么"到"对方需要什么，我提供什么"，这就是需求驱动。需求驱动的思维，不仅有助于连接客户，也是连接价值网其他各类角色的出发点。这里最关键的就是洞察需求的能力。

在构建价值网的过程中洞察需求，有两个难点。第一个难点是，通常对方不一定是直接客户，也没有直接需求，你是否还会花心思洞察对方的需求？第二个难点是，除了工作中的需求，你有没有挖掘到其他维度的需求？

培养洞察需求的能力固然不容易，但还是可以刻意训练出来的。从此刻开始，请你有意识地洞察你要连接的价值网角色吧，相信你一定看得见不一样的需求。

第二，善于借用供给。

以自己拥有的价值满足他人需求，这事并不难。难的是，我们大部分人并不是含着金汤勺出生，哪有那么多武器和子弹供给呢？这时就需要善于借用供给。

袁总，是某城市的女企业家，不仅是当地著名的开发商，还经营着第二大百货商场、黄金连锁店等多个产业。多年前认识她，是在一个中韩企业家会谈中，我的角色只是一个小小翻译而已。

我从袁总和其他企业家的交谈中得知，其商场正在升级改造，还要建设地下车库。刚好，我想到了一个同学，大学毕业就进入停车产业，他们不仅能够设计和建设停车场，旗下子公司"停简单"还能提供互联网智慧停车解决方案，在停车行业中成为头部民营企业。

我主动当起媒婆，将我的同学推荐给袁总。两人一拍即合，很快袁总不仅要合作百货商场停车场项目，还进一步签署了城市合伙人协议，一年内双方还要在当地合资建立分公司，共同开发地区市场。

在他们的接洽过程中，我都无条件地帮助袁总协调安排和给予建议。袁总非常感谢我的付出,在新组建的合资公司里给了我一席董事的位子。手中也没有资本的我,一分钱都没有现金投入,但用借用供给的方式,帮助袁总解决了需求,还开辟了新的业务板块,她才会给我一起做项目的机会。

所以,当我们反问自己有什么价值时,千万不要局限于自己的一亩三分地。不是自己的供给,只要能够帮助解决问题,就可以借用供给。

第三,建立信任连接。

洞察了需求,准备了供给资源,就可以打通供需关系。但是,如果想要到价值网的层面,还需要更为长期而牢固的连接。那就需要一个要素,叫"信任"。

我们可以用麦肯锡著名的信任公式来判断你与价值网角色的关系。

信任 = 可靠性 × 资质能力 × 亲近度 / 自私度

可靠性、资质能力、亲近度与信任度成正比;自私度,即是否有付出意愿的程度与信任度成反比。注意,这里的自私度与人品自私无关,对方不愿意动用自己的资源,并不代表人品自私,只是你们还没有建立更深厚的连接而已。

如果用公式计算出的信任度不高,很可能一次的供需连接就只是变成一次性的价值交换，而不是长期的资源能力，又或者有些关系就变成表面的连接，在关键时刻发挥不了什么作用。

举个例子，曾经我经前领导介绍（可靠性高）结识了一位上市公司老板（资质能力高），我们多次在饭局中聊得很不错，我也受邀参加过他公司的活动（亲近度中等）。我本以为和他建立了不错的连接，但有一次我因一个并购案找他帮忙，我清楚知道他有对口的资源可以介绍。但他并不愿意动用资源帮助我（自私度高）。当然，他并没有义务一定要帮我，所以这里再一次强调，"自私度"并不是人品自私，而只是是否愿意动用资源的意愿强弱程度。

代入到信任度公式不难看出，因为他的自私度一个变量偏大，意味着我们并没有建立很深的信任关系，他离纳入到我自己的价值网还是有一段距离的。

反过来问自己，在其他价值网中你自己是否是高信任度的角色呢？这也会影响对方是否会用同样方式对待你。所以，对重要的人和组织建立信任账户，平时从小事开始逐渐积累信任积分。比如，做任何事情言出必行（提高可靠性），不断提高自己的能力和价值（资质能力），线上线下多交流和走动（提高亲近度），多帮助他人解决问题（降低自私度）。

信任账户里的信任积分，如同价值网的社交货币，既可以积累,也可以减少。当你的信任账户积累越来越多的积分,你的价值网承托你的力量也会更大。

总之,不管是人与人还是与组织,点对点的连接需要站在对方的角度洞察多维的需求、打开边界借用供给资源,真诚连接供需关系,积累长期稳定的信任度。这样,越来越多的资源才能融到你自己的价值网之中。

面:构建连接空间

有了点对点连成线,就需要扩大价值连接的面,打通更多的空间。

你需要连接到价值连接的三个空间,终端空间、社群空间和网络空间。这三个空间,可以是自己构建的,也可以是连接到影响力更大的组织的平台。

- 终端空间:可亲身体验的空间、场景、平台;
- 社群空间:基于某种共同价值为连接的社群;
- 网络空间:互联网、移动互联网的虚拟空间。

如图5-2所示,三个空间同时存在,所属的人群也有一定的交集。价值通过三个空间进行传播,连接供给端和需求端。你可以在任意组合空间或者全空间发力传播价值。

拥有同样的自身价值，谁能够更好地利用好三个空间进行更有效的传播，就能获取更多机会放大价值和价值变现。

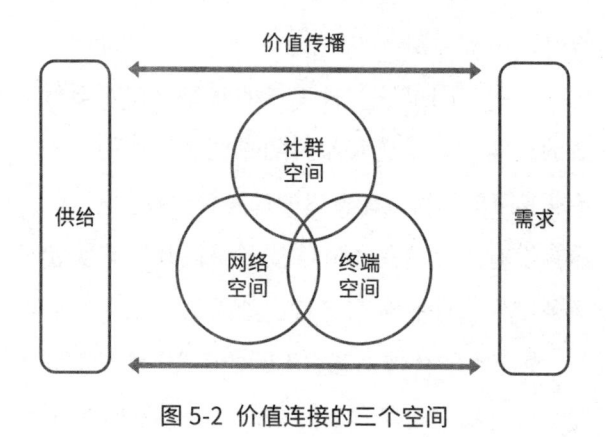

图 5-2 价值连接的三个空间

那么，如何打通这三个空间呢？你需要拿"有价值的内容"去渗透。

你可能会说，我不是自媒体，也不是内容创作者，更不想当什么网红。确实，我们并不鼓励所有人做内容创业。这里所指的"内容"，不一定是出书或拍多专业的视频。你在微博喊话、朋友圈里晒自拍、给同事的朋友圈点赞、在群里聊天、在饭局讲一段祝酒词……这些都是"内容"。所有这些输出的"内容"背后，其实都能传播你的价值主张。

所以，传递"有价值的内容"就能够激活三个空间。我们需要三类有价值的内容，来一步步打通这三个空间，让更多优质的资源并入到你的价值网中。

第一类，轻内容。

所谓"轻内容"，就是你不需要多专业，自己就能轻松输出的内容。

比如，朋友圈里发一条工作的状态，在同学群里分享有价值的行业文章，还有旅行的见闻、生活的感悟，这些轻松转发或简单编辑就能输出的都是轻内容。

你有没有想过短短 140 字或一张图片，其实就是你自己的一条广告？你有没有想过，给人的一条评论还可以拉近距离，甚至可能会带来意想不到的机会？

有一次，我在机场接客户的时候，偶然认识了一位凤凰卫视的记者。他常常在朋友圈里发新闻和背后的故事，我也积极评论和点赞。自从机场一面之缘之后，我们再也没有见过，也没吃过一顿饭，甚至都没私信聊过。

突然有一天，他邀请我为凤凰卫视的专题节目做翻译。就这样，他帮我开启了与凤凰卫视的合作。在朝韩峰会、朝美峰会等重要的历史时刻，当我的名字出现在凤凰卫视屏幕上的时候，我感慨，认真评论朋友圈，传播我的价值和价值主张，竟然还能为自己创造机会。

所以，请你不要浪费每一条朋友圈、每一条评论，基于你的"特质标签"，输出你的"价值主张"，让世界知道你的个人品牌，你会有意想不到的收获。

第二类，附着内容。

附着内容，就是针对某些特定目标人群，输出与你自己的某种产品和服务相关的具有附着力的内容。

比如，针对年轻人的新白酒品牌江小白打的是"青春小酒"，北冰洋传播的是一种"怀旧"，它们围绕这些价值主张的主题，传播具有附着力的故事、软文、小视频来输出内容。

个体也能够通过附着内容销售自己。比如，工作面试就是一个销售自己的场景，如何讲好自己的人生故事，才能让对方用更高价聘请你？想要升职加薪，如何在工作汇报中讲好创造业绩的故事，让组织主动给你升职加薪？创业融资路演时，如何讲好创业的情怀和产品的故事来打动投资人？这些，其实都是附着内容。

所以，想要收获特定人群的连接，请你输出能够打动他们的附着内容。

第三类，专业内容。

专业内容，哪怕不附着于产品，本身也可以成为一种可传播、可贩卖的产品。

比如，我的在线课程《学得会的老板思维》就是一个专业内容。我们在腾讯、爱奇艺、樊登读书会、网易公开课、荔枝等推广传播后，不仅在网络空间售卖课程，在线下的终端空间里，各个城市的读书会还邀请我去线下分享并售卖同名书籍，一些职场成长类社群也邀请我做直播，还延伸出咨询项目。我们暂且不谈收入，通过一个专业内容，打通了网络空间，带动社群空间和终端空间，确实提高了我的知名度，放大和变现了我的价值。

在越来越多的领域里，输出专业内容就是一种职业，也是一种可贩卖的能力。比如，坚果零食企业"三只松鼠"就有一个创意设计平台，在这个平台，内部就形成了市场机制，设计师通过输出专业设计作品，在平台进行交易赚取收入。超级单兵在某个细分领域不仅要做到专业，还需要整理提炼成专业内容。

所以，让世界知道你的专业，购买你的专业吧。

网：高势能价值网

不管是点到点连接成线，还是打通更大的空间面，其实最终的目的就是打造高势能的"价值网"。

势能（potential energy），就是价值网中的潜在能量。通过价值传播，能不能真正放大价值、价值变现，要看价值网势能的高低。因此，当我们投入时间、精力和资源去构建和管理价值网时，就要尽可能地让价值网的势能最大化。

先让我们看看什么影响了价值网的势能，看看价值网势能公式。

势能 = 自身价值 × 传播系数 × 转化系数

从这个势能公式中不难看出，如果想获得更大势能，就要从自身价值、传播系数、转化系数入手，提高其中的至少一个及以上的变量。当你遇到新的可能成为价值网中某类角色人或组织的时候，也可以利用这个公式来初步判断。

从自己的视角出发，如何提高这三个变量呢？

第一，赋能自己，提高自身价值。

自身价值是最为基础的基数。

自身价值的基础不够，不仅影响自己的价值网势能，在其他人的价值网中你也占据不了重要角色。因此，需要寻找一切机会为自己赋能，持续提高自身价值。

母婴电商蜜芽的创始人分享过一个故事。一个"90后"女生原本只是新来的助理。有一天，老板在她笔记本里看到她记录了1000多个密密麻麻的产品信息和卖点，就让她尝试做一次直播。平时就好好做功课的她信手拈来，一场直播销售了100多万元。入职半年，她就得到晋升，工资翻番。这个助理的成长，就是在环境中主动自我成长、增加自身价值的很好的案例。

在职场中，"自身价值"除了实力价值，他人的"感知价值"也会影响自身价值的高低。比如，很多人介绍我的时候常常这样说："小兰曾经给美国前总统老布什做过翻译。"其实，老布什与我并没有多深的关系，但这就会影响别人对我的感知价值，也会锚定价值的高度。这在初次认识切入时非常有效。

所以，"自身价值"，一部分是你自己的实力价值，另一部分是别人的感知价值，也就是别人对你的评价。两者加起来构成你最终的"自身价值"。

第二，以点带面，提高传播系数。

找到那个能够帮助你提高传播系数的人和平台，以点带面。

洪会长于我而言，就是这样的一位提高传播系数的人。我曾在一次讲课中认识了这位某国际贸易协会北京分会会长，该组织在全球167个国家有分支机构。

洪会长邀请我在他们的论坛中做一次演讲，但跟我说预算有限，酬劳不多。我欣然接受了邀请，而且非常重视这一场演讲。因为，我知道一旦突破他这一关，有可能撬开更大的市场。那一次演讲非常成功，后来通过洪会长的推荐，我不仅一次性签下了十多个城市巡回演讲，还撬动了韩国、日本等新市场。

这就是以点带面，提高了传播系数。如果你遇到了这样的人，请你不要计较一时的得失，因为在这些人和平台上你要获得的是更重要的传播价值。

第三，提高转化系数。

转化系数，就是对方是否能够帮助你创造合作、价值交换和变现的机会。

多年前，我曾给一家企业做谈判翻译。我提前把项目情况、对方背景、谈判条款进行了全面了解。在谈判中，我还在双方僵持时助攻突破，达成共识。

会后，总经理叫我到办公室："我看你不仅翻译得好，竟然还很熟悉我们的业务情况，听说你还是咨询顾问？"后来，他把我推荐给了他的客户东风悦达起亚汽车，拿下了一个人力资源咨询项目。这，就直接转化到项目合作了。

虽然我并不提倡以功利心来与他人连接，但有意识地用职业的态度和专业的能力为他人创造价值并建立信任，当有机会时就能更快速地促成交易。

如今的数字化时代，越来越活跃的互联网超级平台是促进传播、促进转化的重要阵地，但要注意的是，不要盲目追逐流量数量级，而是选择提高转化系数的好的资源平台。

当理解了如何让价值网势能最大化的三个关键变量，你就能知道，自己想要做一件事的时候，该与谁连接才能快速突破。

以我自己为例，在刚开始转型做培训的时候，没有人找我讲课，我是如何突破的呢？首先，提高"自身价值"，找导师学习、考取专业证书来储备能力。其次，抓住提高传播系数的机会。比如，我以人力资源专家的身份参加天津卫视《非你莫属》节目，传播了个人品牌的定位，也一下子提高了知名度。再有，我没有一个客户一个客户找，而是对接讲师经纪和培训机构，便能更高效地提高转化系数。有了实力的增强、传播的加持、课程的转化，我就顺利完成了转型。

自身价值、传播系数、转化系数这三个关键变量，不仅能帮你从自身的角度找到提高势能的抓手，还可以作为筛选价值网角色的评判标准。哪个人、哪个组织、哪个平台拥有提高三个变量的资源能力，你就应该投入更多精力去打通连接关系。

最后，以英国诗人约翰·多恩的《没有人是一座孤岛》作为本章的小结。

没有谁是一座孤岛，
在大海里独踞；
每个人都像一块小小的泥土，
连接成整个陆地。
如果有一块泥土被海水冲刷，
欧洲就会失去一角，
这如同一座山岬，
也如同一座庄园，
无论是你的还是你朋友的。

> 无论谁死了，
> 都是我的一部分在死去，
> 因为我包含在人类这个概念里。
> 因此，
> 不要问丧钟为谁而鸣，
> 丧钟为你而鸣。

超级单兵，也不是一座孤岛，单兵也并非单兵作战。你是价值网的一部分，价值网也是你的一部分，共创、共生，甚至共死。在人类庞大的价值网中，构建你自己的小价值网，不该只是为了自己的生存，而是借助力量，完成利他的使命。

05 重点笔记

价值网：创造价值、放大价值、价值变现的生存结构。

价值网的四类角色：客户、供应商、补充者、竞争者。

价值网的核心价值：
- 孵化能力，形成生存内循环；
- 并购能力，形成杠杆效应；

- 刷新能力，形成迭代效应。

拿什么构建价值网：
- 以共赢价值，连接客户；
- 以互补价值，连接供应商；
- 以独特价值，超越竞争者；
- 以未来价值，连接补充者。

构建自己的价值网：
- 点：打造个人品牌；
- 线：打通供需连接；
- 面：构建连接空间；
- 网：高势能价值网。

推荐阅读：

施炜，《连接：顾客价值时代的营销战略》，北京，中国人民大学出版社，2018。

斯坦利·麦克里斯特尔等，《赋能：打造应对不确定性的敏捷团队》，林爽喆译，北京，中信出版社，2017。

李云龙、王茜，《增长思维》，北京，中信出版社，2019。

第六章

抗风险：以内控战胜脆弱

你愿或不愿，风险定在那里，无处不在，不离不弃
你怕或不怕，风险亦在那里，只有接纳，只有敬畏
你见或不见，风险就在那里，小到尘埃，大到世界
你备或不备，未来会在那里，向死而生，乘风破浪

2020年，突如其来的新冠肺炎疫情是不是打乱了你工作、生活的各种计划？

我看到周围很多公司正在裁员甚至破产倒闭。新冠病毒也好，金融危机也罢，未来各种不确定性将会变成生存的常态，我们需要战胜不确定性带来的风险，进化为一种反脆弱的超级单兵，那就需要强大的抗风险能力。

"风险"一词，来源于远古时期以打鱼捕捞为生的渔民们。每次他们出海前都要祈求神灵保佑在出海时风平浪静、满载而归。他们在长期的捕捞中，深深体会到"风"带来的危险，他们认识到，出海打鱼捕捞的生活中，"风"即意味着"险"，因此有了"风险"这个词。

现代意义上的"风险"，指"在波动的环境中，未来结果的不确定性或损失"。

大到国家、组织，小到个体，抗风险能力都是确保在波动的环境中得以持续生存的必备前提。即便你冲得再猛，爬得再高，有可能一个风险就能让你之前所有的努力都付之东流，爬得越高，摔得越惨。

投资中，抗风险，指的是基于对未来市场波动的预测，做出最优资本增值和可控损失的好决策。企业经营中，抗风险，指的是针对经营环境的变化，通过商业模式和管理机制，提高组织应对危机的能力，确保可持续经营。

那么，超级单兵自己又该如何驾驭波动的"风"，如何应对未来的"险"？

风会熄灭蜡烛，却也能使火越烧越旺。如果真正利用好风，能够掌握管控的方法，就能化险为夷。

所以，想要成为超级单兵，就要给自己安装"风险内控系统"。

01 超级单兵的"风险内控系统"

风险内控系统，拥有着动态监测潜在风险、从容应对风险、系统管控风险的系统能力。

超级单兵的"风险内控系统"，由三个子系统构成。

第一，心智系统。

你是如何对待"风险"的呢？

面对风险，人们会启动不同的心智模式。在不同心智模式下，会产生不同情绪和应对行为。比如，通常很多人因恐惧风险，产生焦虑、无力的情绪，就想逃避风险。如何与这些情绪相处，采用什么样的应对态度，是否能够扛过至暗时刻，就需要心智系统的支撑力量。这种力量叫作

第六章 抗风险：以内控战胜脆弱

```
           心智系统
          /        \
         /          \
        /   内控系统   \
       /              \
   风险认知系统 ←——→ 风险管控系统
```

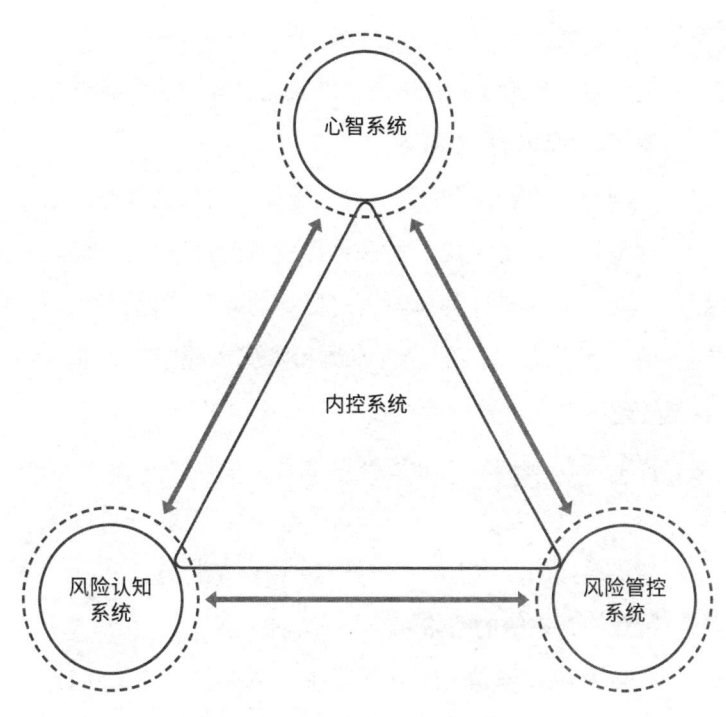

图 6-1 超级单兵的"风险内控系统"

"心力"。

有强大心力的支撑，是抗风险必备的基础。

第二，风险认知系统。

你是否能够提前发现潜在风险呢？

虽然我们无法预测所有风险，也屡遭那些"黑天鹅"或"灰犀牛"的影响，但如果尽可能掌握风险出现的规律，提前识别潜在风险及其影响，这些认知就能帮助我们提前布局应对策略。

越早越正确地识别风险,其实就已经降低一大半损失。

第三,风险管控系统。

识别到了风险,你有没有能力管控好这些风险呢?

如果识别到了风险,那么将那些风险扼杀在摇篮里就好了。对于那些未知的风险,需要提前监测并设置防御机制。通过提前布局,尽可能控制和降低风险带来的损失,甚至转危为安或者转危为机。

提前对损失做好缓释方案的准备,可以保存实力,重新启动。

超级单兵的风险内控系统具有如下三个特点:

特点一,系统的整体性。

风险内控系统是一个整体系统,单一子系统无法让人拥有完整的抗风险能力。

比如,光有盲目的信心却没有正确的应对方法的人,始终解决不了风险带来的危机。又或者即便预测到风险,但没有强大的内心力量也无法坚韧地挺过危机。

所以,超级单兵需要系统应对风险,提前布局各个子系统的支撑能力。

特点二,子系统之间的关联性。

心智系统、风险认知系统和风险管控系统这三个子系统是相互连接的,也会相互影响,相互作用。

比如，有些人因为对风险的认知不足，就会产生焦虑的心态，而负面的心态会影响应对风险的行为方式。还有些人是因为没有提前做好风险管控的准备，导致真遇到风险的时候心智系统一下子崩溃。

因此，不管从哪个子系统切入，都可以通过子系统之间的关联性，让整个系统升级，变得更加强大。

特点三，风险承载力的变化性。

风险内控系统对风险的承载力可以升级或减弱，是可以变化的。

当你第一次遇到某种风险，踩过一次坑之后，无论是对待同类问题的心态还是以后对此类风险的敏感度，以及应对方法都会有所变化。积极方向变化的人，风险承载力会逐步提高，下一次应对同样问题的时候就能更加自如地解决，避免损失。相反，负向变化的人，一朝被蛇咬，十年怕井绳。一次或多次脆弱的经历会造成对风险变得更加敏感，选择回避，不去突破，风险承载力反而会变低。

所以，想要成为超级单兵，就要有意识地扩大三个子系统的风险承载能力。当然，随着超级单兵的成长，承担更大的责任的时候，需要承受的风险级别也不是一个量级。好比马云考虑的风险是全球性的政治、贸易、金融体系等变量，而一个员工面对的风险可能是失业的风险、竞争的风险。

了解了风险内控系统的构成和特点，其实你就会明白为什么我们会如此脆弱。因为，哪一个子系统的缺失或者承载力不够强大都会导致抗风险能力下降。

02 为什么我们都如此脆弱

　　2020年4月1日，这一天我连续接到了三个咨询电话，我多么希望那都是愚人节的玩笑，但听到的却都是脆弱的真实。

　　第一个来电者是我的学员大强。在一家大型企业工作的他，虽然挣得不算多，但毕业到现在20多年一直在这家企业。期间也曾有过多次跳槽机会，但他总是说："外面风险大，在这里工作很舒服。"但舒服的日子终归没能长久，企业经营走下坡，年轻人才涌上来，年前他就被裁员了。更因疫情关系，他迟迟也没能找到新工作。电话那头的声音让我听到了一个大男人的无力、迷茫，甚至绝望。

　　我虽然安慰他一定会有更好的工作等着他，但我明白，现在这样的经济环境下，像他这样的40多岁的普通员工，找到一份好工作希望很渺茫。

　　第二个电话是深圳一家制造业上市公司的董事长宋总打来的，来咨询公司的裁员方案。他们面临20多亿元的负债，无奈地开始变卖资产和抵押股权来融资，在现金流不足的情况下，只能裁员节省成本。"我真的挺对不住这帮跟了我多年的兄弟们。"压力、愧疚、焦虑都在他已不再强势的言语和沉默中。

第三个电话是父亲打来的。父亲退休后这几年投资的项目不成功，不仅把自己前半生的积蓄都搭进去了，还想让我帮他追加资金继续运营。因为疫情，我的现金流也大受影响，而且我认为他的项目风险过高，再追加资金会是无底洞，希望他止损。我们对风险的判断有严重的意见分歧，没能达成共识挂断了电话。

为什么，为什么我们都如此脆弱？

求稳定的大强，已经成功了的宋总，走下坡路却不回头的老爸……其实他们也是大多数人的缩影。对不确定性的无知，对风险的恐惧，让我们选择了不同的应对模式，但仍然谁都逃不过风险的掌心。

通常，面对未来不确定的风险，大部分人会启动三种心智模式：

第一类，温水模式，逃避风险。

求稳定的大强就是把自己放入温水里。你自己，或者周围的朋友是不是也有很多"求稳定的大强"？很多父母也希望子女能找一份安稳的工作。可就算像大强那样稳定了20多年，看起来规避了风险，但实际上是给自己埋下了未来更大的风险,当意识到的时候一直在温水中的人早已经丧失了在野外生存的能力。

其实,让我们脆弱的并不是风险本身,而是逃避风险时不知不觉中退化了生存能力造成的。

在华为发展最好的时期,任正非写了著名的《华为的冬天》一文,生怕舒服的日子让华为干部们失去斗志,警醒大家不要在温水中煮废了。个体也一样,请小心一个叫"稳定"的炸弹,早晚会把你推向职业断崖的深渊。

想要成为超级单兵,就要早早认清这个残酷的事实,我们根本无法消灭风险、逃避风险,它会伴随着整个人生旅程,早晚都会出现。我们能做的就是与风险共生,接纳它,甚至利用它,不断锻炼和进化自己的生存能力。

第二类,高速模式,小看风险。

快速成功的宋总就是这类典型。他创业几年就做到了公司上市,获得成功进入高速模式后,认为可以开足马力往前冲了。他的企业在没有构建好质量管理和研发能力的基础上,冒险大投入快速扩张,也大胆做一些风险更大的大项目。疫情期间停工让他遭受巨大损失,但即使没有疫情,他的激进也已经埋下了风险隐患。因为,在高速前进中,一个小钉子就能让一辆跑车翻车。

有时候,让我们脆弱的,并不是没有生存能力,而是自己有"风险盲点",过度地不畏惧风险。

《奇葩说》创始人马东曾在演讲中说道:"虽然《奇葩说》成功了,但一个作品火了是运气,不代表之后的作品就一定会好,我们每一次都如履薄冰。"所以,请小心一个叫"自负"的毒药,你以为的能力或许只是踩对了节拍的运气。

想要成为超级单兵,就要在每一次出发时都带着安全意识,控制节奏、控制风险地奔跑才能跑得更长久,不酿成大损失。

第三类,跌落模式,放大风险。

项目失败还不回头的我的父亲就是这类典型。在失败面前他很想赢一次大的来翻身。他总说:"高风险、高收益。没胆量担风险,怎么能成功呢?"殊不知,"高风险、高收益"其实是一种错误的认知,高风险往往伴随的是更大的损失。

原来,让我们脆弱的,并不是看不见风险,真正将自己推向更大深渊的是没有系统管控能力的不理智的自己,让风险越滚越大。

著名投资人、黑石集团董事长苏世民在他的《苏世民:我的经验与教训》一书中说:"投资的首要原则是:不—要—赔—钱!"原来,越是大神,越会长期、理性、系统地管控风险。

谁都有走下坡路的时候,而这时候对抗脆弱的并不是所谓坚韧不拔地在不正确的决策上追加赌注,而是懂得及时撤退,控制风险带来的损失。

无论上坡还是下坡,风险就在那里,无处不在;
无论你愿不愿意,风险就在那里,不离不弃;
要么现在要么未来,风险就在那里,无时不有。

"接纳风险、敬畏风险、管控风险",才是超级单兵抗风险的正确打开方式。

03 如何识别80%的潜在风险

"如果知道我会死在哪里,那我将永远不去那个地方。"

投资家查理·芒格这样道出自己对风险的理解。就如他所说的那样,如果我们知道风险在哪里,我们就不去踩那个坑,至少也能控制损失。当然,每个人具体情况不同,面临的风险也各不相同,这里很难像咨询个案那样预测具体风险,所以分享几个识别风险的常用分析方法。这些方法可以通用于大部分人可能会面临的80%的风险,至于具体个案的情况,还是得具体分析。

第一,从财务视角,监测财务风险。

财务情况，是反映你经济现状以及未来潜在风险的最为直接的窗口。

在我人生的低谷时期，曾经也经历过财务风险。我在最窘迫的时候手里只剩下 2000 元，那时我并没有固定工资，都不知道下个月怎么吃饭。为了尽快赚更多的钱，我借款 500 万投资到高风险的股票基金上。我完全无视财务成本，一心只想快点从财务危机中摆脱出来，直到承受很高利息时，我才发现在偿债能力不够的情况下，负债过高加上高风险的投资组合，这其实是很危险的。

虽然每个人情况各不相同，但通常可以从财务金三角，即流动性、营利性、增长性等三个方面看看自己的现状，也能监测到潜在风险。

• **流动性风险**

流动性风险，就是你的资金的供给无法满足资金的需求导致的风险。翻译成大白话就是，你手里的钱足够周转吗？

比如，如果你手里有一套房产，你抵押了房产，从银行贷款一些现金去消费，但如果这个负债太多，你赚钱的速度不够，也就是"负债率"过高就会很危险。

再比如，你手里有一套房产，当你想把它卖出去变成现金，去还你生意中所欠的负债，但房产作为不动产迟迟卖不出去，也是会遇到流动性的风险。

还有要警惕的是，虽然现代社会大家都在使用银行贷款、信用卡、花呗等提前消费的工具，但千万不能忽视这些都是有利息成本的，甚至有些人为了周转，还会去找利息更高的民间借贷，这些都是很危险的。

我当时就是抵押房产负债过高，赚钱速度跟不上付利息和本金的速度，所以出现流动性的风险。

- 营利性风险

营利性风险，就是你赚的钱没有剩余的利润导致的风险，也就是你能存得下钱吗？

首先，要看"现金流"。于个人而言，现金流就是你是不是每个月有收入来源？如果没有工作，或者收入不稳定，也就意味着现金流不稳定。

其次，看"利润"。"个人利润＝收入－支出"，简单来说就是你一年赚了30万，消费开支10万，存下的20万就是你的利润。那么，你现在所从事的主要工作是不是能够保证每年能留存你自己定下的利润额目标呢？

如果你的收入还不错，意味着现金流状况不错，但同时如果你能留存的利润较低甚至倒挂，你的财富就永远无法增值。这时，你就要盘点一下，是因为自己的钱花销在不必要的消费上，比如购买奢侈品、换新车之类的呢，还是因为投资到未来发展的部分导致暂时性的利润低。

美国的一项跟踪研究发现，财富自由的富人有两个共同点：一方面，确保持续的现金流，也就是收入；另一方面，投资理财，不会盲目奢侈消费，而是更愿意把留存的利润投资到理财、教育、健康等影响未来的事项上。

- **增长性风险**

增长性风险，就是未来没有或减少收益导致的风险。也就是你目前的资产和收入，未来还有没有增长空间？

首先，收入的增长。你的工资今年没有涨，但整体行业或同一岗位收入水平平均增加了 8%～10%，那你就要警惕了。是因为你选择的这个赛道或者公司走下坡路了呢，还是你自己的成长速度没有跟上呢？

其次，资产的增值。你的房子、黄金等资产有没有增值空间？如果没有那么大的增值空间，该什么时候抛售？如果你觉得还有增值空间，那该什么时候再买进？应该持有哪些区域的资产，抛售哪些区域的资产？

最后，投资收益的增长。你是否每年都增加一定额度的理财和投资的投入？包括股票、基金等你的投资收入是否能够确保达到每年的收益率目标？

如果你个人财富收益的增长开始出现减缓甚至出现负增长，就要思考如何对冲风险，或者转移撤退去开辟新的增长空间。

你可能会问，这些是不是需要做像企业一样复杂的财务报表？曾经，我们家里确实有过财务报表。我们每年都会做大致的预算，每个月的收支情况做成月报，到了年底有年报。我们家里也有三大报表，资产负债表、投资损益表、现金流量表。如果有单独的项目，比如买房子装修这样的项目，就单独做项目预算和开支的报表。但这个前提是我先生是财务管理专业出身。

对于财务管理并不太擅长的我而言，自己没有办法像先生那样轻松搞定财务报表，所以我就利用了微信、支付宝、鲨鱼记账等一些手机应用工具以及银行给出的数据，大致掌握自己的收支情况和理财情况。

不管用什么工具记账，最为重要的核心，就是你需要始终带着"流动性、收益性、增长性"这三个风险意识去监测你的财务情况。

我经历了人生中的几次财务风险之后，改变了自己的创收模式、消费习惯和理财组合，从2000元存款的状态，两年内实现了自己人生第一个200万种子存款。你会发现，财务风险不仅仅是提示你赚更多的钱，背后更多映射出的是你的活法中存在的潜在风险。

动态矫正导致风险的模式，才能让你赚的钱真正积累成为你的财富。

第二，从流程视角，拆分基本要素。

要素拆分法，指的是把构成一个事物或者一件事务的基本要素拆解下来，分模块梳理哪些会存在潜在风险。好比整部车看不出存在什么隐患，就把零部件卸下来检查，按模块或按流程检查就能发现风险。

在组织里，我们所要完成的工作，通常都可以用"流程"来拆分监测。

举个例子，图 6-2 是一家以做海外巡回灯展为核心业务的 T 公司的市场拓展流程。如果你是这家公司市场拓展工作的负责人，这个流程不仅可以梳理你的团队应该做什么、在哪个环节安排人，同时很重要的一个价值是提醒哪个环节可能会存在风险要素。

比如，最前端的市场开发环节中，你的市场开发策略是否符合客户的需求以及公司竞争策略的要求，是否存在方向性错误的可能性？合作意向评审环节，内部评审的指标是否可能会有遗漏？合同谈判环节，合同哪些条款不利？对方有没有违约风险？在需求交底环节，是否存在交底过程不够精准、会变形的风险？

你会发现，每个流程环节本身以及流程之间的连接都有可能存在风险。如果你是管理者，你需要管控最为关键的环节，多设一道防线，并提前做好应对预案，通过抓重点工作和布局好团队来把控整体风险。

即使你只是负责其中一环流程的团队成员，当了解了整个流程，你就能更加清晰地理解你这个角色在整个流程中应该创造什么价值。理解了工作的角色和目的，才不会仅简单执行某个动作的指令，而是主动地去思考应该如何

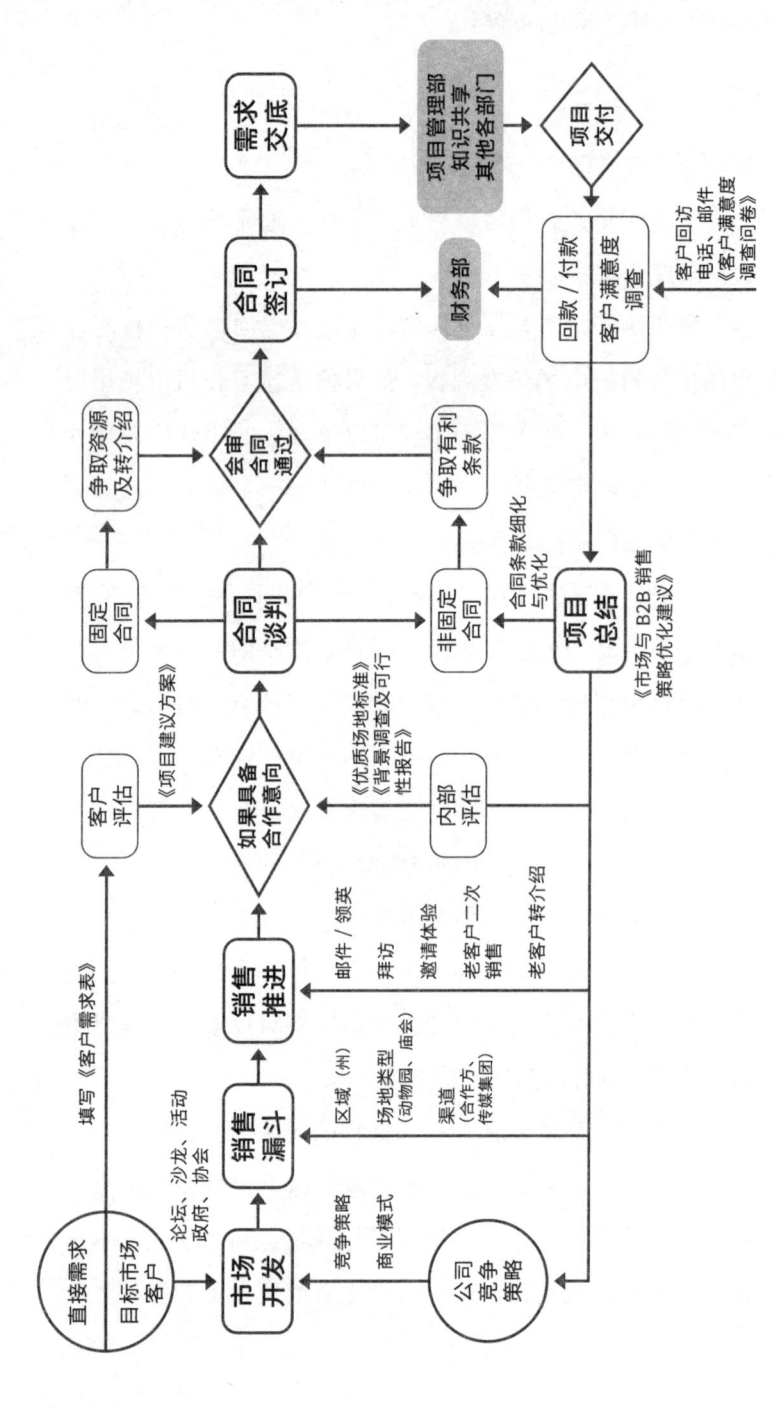

图 6-2 T 公司市场拓展流程

才能完成好这个环节的工作，不出现任何风险。

所以，想要成为超级单兵，不仅要关注自己所负责的流程，更要放大你的视角，从更大的范畴审视自己的工作以及潜在的风险。

让我们一起来放大视角，从公司整体的视角来看一个案例。

图6-3是某芯片IC（集成电路）设计公司的整体组织的协同流程。横向，是组成公司的要素模块；纵向，是核心价值和主要业务活动。这张图如一盘棋一样，能盘点出哪些环节是公司薄弱的部分。

这家公司质量控制的部分经常出现一些小漏洞。看起来不致命，也只是偶尔出现一两件客户投诉，马上可以解决掉。但我们意识到这个潜在风险，后面一定会影响客户满意度乃至品牌声誉，从而影响未来市场。发现了这个潜在风险，我们立即调整质量管理部负责人，还邀请专业机构重新捋顺质量管理体系。

当然，从组织层面上分解和审视我们自己的工作，在拆分方法上不限于此，还有其他拆分方式。但要素拆分法的底层是要掌握关键点。

一是放大视角。想要成为超级单兵，需要刻意把自己放到更高职位的视角去看问题。比如，如果你只是一名基层员工，就要开始从部门层面发现问题；如果你已经是部

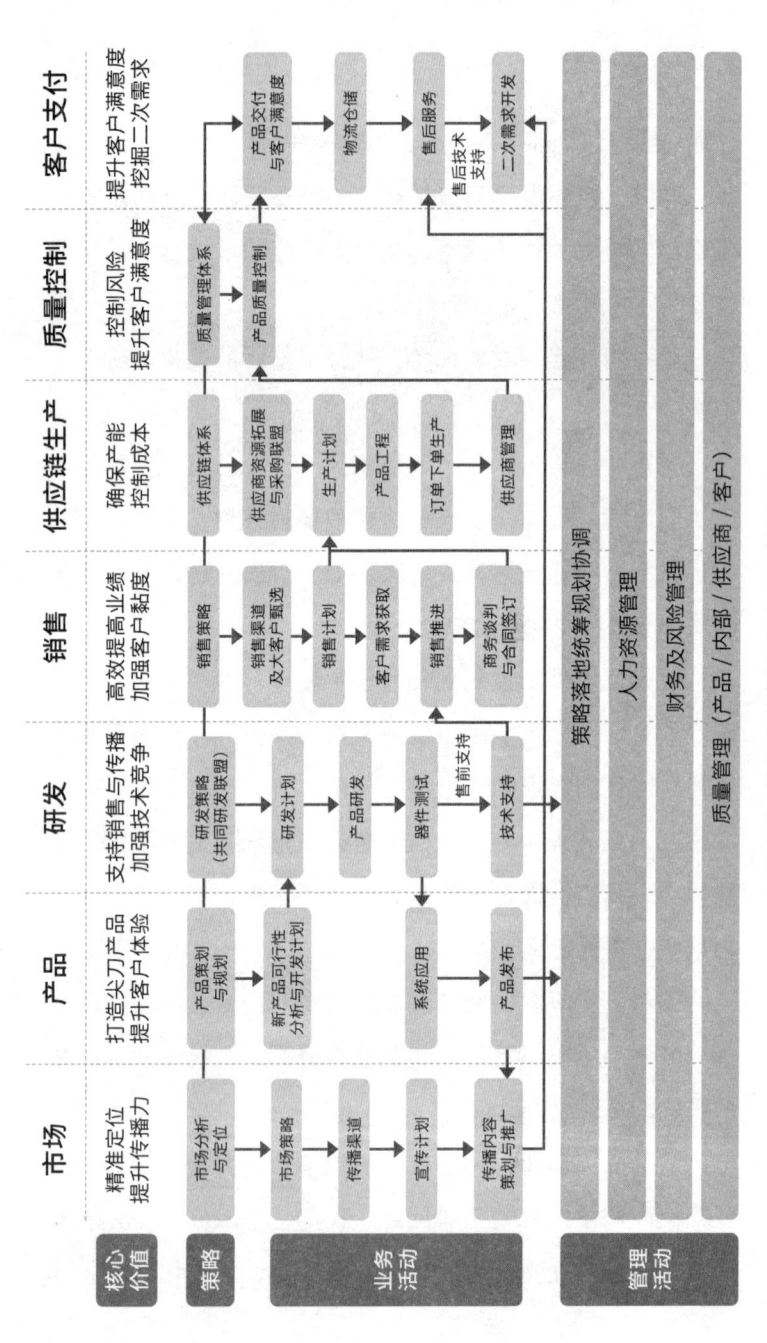

图 6-3 某公司的整体组织的协同流程

门管理者，就要从所属的事业部或者整个公司层面看问题，把控风险，而不仅仅是关注自己的一亩三分地。

二是全面视角。当面对复杂组织、复杂问题，学会拆分基本组成要素，盘点各要素中所存在的风险，就能全面地监测潜在风险。

有了更放大、更全面的视角，相信在成为超级单兵的路上，你能避免很多坑。

第三，从利益相关者视角，分析利害关系。

前面从财务层面和流程层面看到的都是"事"的层面的风险，但现实中推进事情的时候，还有一类绝对不能忽视的风险，就是"人"造成的障碍风险。

首先，从内部视角来看，你想推行的事情，你的领导、所在团队成员、相关部门的同事是不是都能积极配合你？

比如，我的一个客户企业的人力资源经理 Helen 就遇到过内部阻碍。她本想引进我们的领导力培训项目到所在公司。但是，她的领导认为我们的培训项目报价有点贵，不太支持她推行，她的同事觉得没必要更换新的培训供应商，业务部门觉得过去做的领导力课程没啥效果，也不怎么支持她的新项目。引进领导力培养项目、提高领导者效能，本是一件对公司好的事情，但在这些内部人的反对和不配合的情况下，她硬推行这个项目显然存在风险。

所以，作为员工或者中层管理者，在推行对的事的时候，与上级、同事、下属先达成共识是一件非常重要的减少风险的必要动作。

如果你是创业者，内部的合伙人关系也是关乎成败的潜在风险点。创业者早期用激情和情怀捆绑，没能设计好股权和利益分配机制，埋下很多隐患。甚至创始人家庭内部关系也可能会影响公司名誉和发展。比如，某头部视频独角兽公司曾因创始人夫妻闹离婚错过上市机会，某互联网公司因夫妻公开对骂导致声誉受损，这样的例子比比皆是。

其次，从外部角度来看，不管是合作者、客户还是竞争者，不管初期你们的合作多么愉快，依然在不同发展阶段都有可能存在风险。

比如，我的客户公司的设计部经理 Kevin 就曾因为和外部合作的设计师产生冲突，没能按客户的要求交付设计方案，给公司造成损失。Kevin 接到客户的需求，直接外包给曾用过的设计师，觉得应该没问题。但在过程中，他并没有认真管控好外部设计师的进度、质量，也没有通过更好的沟通和激励，让外部合作伙伴能够交付符合期待的结果。最后，外部设计师因过多的反复修改要求，但没增加设计费而与 Kevin 产生冲突，快到最后时刻搞砸了这个项目，连补救都来不及了。

外部的合作伙伴尚且如此，竞争者更是会有意识无意识地给你制造风险。

所以，总而言之，在推动重要事情的时候，最好提前从内部和外部利益相关者的视角去审视，看看对他们有哪些利和害，充分地进行必要的沟通，并从情绪上、管理机制上、法律上提前做好预案，以避免风险造成的损失。

第四，从未来视角，感知可能的失败。

樊登读书会创始人樊登先生曾分享过，在他们公司定期会做这样的讨论，高管们一起头脑风暴，回答一个问题："假设我们公司倒了，你觉得可能会是什么时候？因为什么问题而死掉呢？"

这种方法，其实就像你试想自己坐了时间机器，到"未来"去做复盘，找到失败的原因，就能够在"现在"解除掉那个风险。

除了前面从财务视角、流程视角、利益相关者视角的理性的方法，我们还可以感知自己的"直觉"。人们有时候对于风险的感知是与生俱来的。你甚至都说不上来有什么具体问题，但就是有预感，觉得这么做会有危险，会有失败，会有死亡。有时候，听从自己内心的声音也不失为一种规避风险的方法。

马云常常说，我们要学习别人失败的故事。别人都是怎么"死"的？如果多看到和学习别人失败的故事和案例，当你面临危险时，可能就能第一时间有感知。

上述的四种监测风险的方法，其实背后有一个共同的思维方式，那就是"变换尺度看世界"。要么"缩小"，要么"放大"。

在发现风险的尺度上，超级单兵需要"缩小"，将复杂的组织和再大的工作问题都拆分到最小单元要素，把每个要素细节做到足够安全、极致。

在理解风险的尺度上，超级单兵需要"放大"，从"我"放大到"我们"，空间尺度从"一亩三分地"放大到"整个组织甚至行业"，时间尺度从"眼下"拉长到"未来"，尺度的放大可以帮助你更全面地理解风险。

用不同尺度看世界、看问题，能够造就超级单兵的风险识别系统，可以更快速、更全面、更长远地判断风险，为下一步的管控决策提供理性的依据。

04 风险管控系统：四种通用策略

思考死亡，是为了更好地活着。认知风险，也是为了更好地管理风险。

每个人遇到的具体风险问题无法在本书中提供解决方案，但可以在这里分享超级单兵必备的四种通用风险管控策略。

第六章 抗风险：以内控战胜脆弱

- 控制策略：成本与收益；
- 预备策略：前线与支援；
- 撤退策略：冲锋与撤退；
- 担当策略：损失与补偿。

控制策略：成本与收益

樊登先生在他的《低风险创业》一书中提出过"反脆弱的商业结构"，也就是通过设计成本与收益的关系来控制风险。

个人也可以借鉴"反脆弱的商业结构"这个理念来设计自己的收益和成本。如图6-4所示，横轴表示成本，纵轴表示收益。脆弱的结构，是成本无底线，收益却有上限。

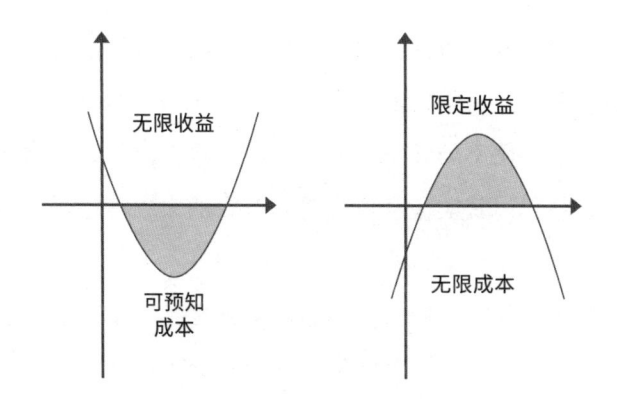

图6-4 成本与收益结构

很多烧钱的项目你不知道何时赚钱，但投入却是"无底洞"。这种模式过去可以绑上资本烧钱，在后疫情时代已经不大可能重演了。相反，反脆弱的结构设计是成本有底线，收益存在无限可能。在这种结构下，即使收益没有预期高，甚至失败，你完全可以预知和控制一定限度的损失。

我曾参与过一个众筹咖啡馆的创业项目。咖啡馆的生意看似一杯咖啡卖40块，成本低、利润高，很多女孩子也都有开咖啡店的美好幻想。但实际上，踏入深水后你才会发现，不会管控成本的咖啡馆基本上必死无疑。从成本上，房租、进口机器和咖啡豆、人力成本等逐年上升；但从收益上，客流量增幅不快、门店翻台率不高，咖啡产品本身收益有上限。所以，这家店开张时其实已经决定了结局，外加在众筹股东们的管理和运营机制上也存在问题，最终咖啡店在第三年就关店止损。

同样是餐饮行业，麦当劳却是从脆弱模式成功转型到反脆弱模式。最早，麦当劳只是一家成功的快餐店，第一家成功后，便不断开第二家、第三家连锁店。只是这样扩张门店数量，其实盈利空间也是有限的，成本也是直线上升的。

但真的就如此吗？麦当劳的厉害之处在于，其生意除了快餐，其实还有两大部分，一是店铺IP的知识产权，二是玩具。麦当劳的加盟费平均300万元，之后还抽取加盟店运营营业额的17%～23%；玩具业务上，麦当劳的销量已然超过玩具反斗城和沃尔玛，通过全球3.7万家门店输出超过15亿个玩具。[1]麦当劳已经打破了"无限成本、有限收益"的模式，拓展了"有限成本、无限收益"的更广阔的空间。

可以得出启示，充分理解行业的成本与收益之间的结构关系，设计出能够控制成本，同时扩大收益空间的模式，就能更好地控制好风险，避免无底洞的亏损。

商业如此，超级单兵个体的收入模式上也是同样的原理。

比如，我过去做管理咨询时常常开玩笑说，我们为那么多公司设计了人家的商业模式，却唯独没能给自己设计好的商业模式。我们接一个客户的项目通常最快要2～3个月才能项目完结，一年一个合伙人能接4～5个项目已经算是非常不错了。这时，你无论如何努力，每年的收益是有顶峰的。反而，因激烈的市场竞争，项目收益下降，而你的咨询顾问团队人员工资却逐年上升。而且一旦我们停止工作，那么现金流马上就会停掉，这显然不是一个好的收入模式。

因此，我尝试开辟线上知识付费领域，花3～4个月时间录制一门线上课程产品《学得会的老板思维》以及出版同名书籍，投放到腾讯、爱奇艺、樊登读书会、网易公

---

[1] 数据来源：Nutrition Nibbies 2018年数据。

开课等各大知识平台。最差的情况下，就算这门课程没赚到什么钱，成本是固定的。而如果一旦大获成功，后续收益是无可估量的，投放到市场之后让运营跟进就好，我也不必再继续花时间成本。我可以去做下一个内容或下一个项目。

当然，一个新产品或一个新项目，一次尝试不一定一下子成为爆品，给你带来超多倍收益。但至少，如果有意识地设计反脆弱的成本与收益结构，不管是创业还是在职场都能帮助控制风险。

请你也盘点一下，你的收入模式是不是符合控制策略的"三个确定"原则？

- **确定最大成本投入**

你最多能够承受投入的成本是多少呢？

成本，不仅是指资金，也包括时间、精力。特别是尝试新项目或者职业转型时，如果你能确定自己的最大成本，自己心里就知道能够承受的底线。那么，开始时你可以勇敢地去尝试，就算结果不理想，也不会出现巨大损失。

- **确定最低收益来源**

你要做的事在一定时间内是否可以实现一定收益？

如果某个新项目在一段时间内需要承受没有收益或收益很少的风险，那么在你的整体收入中，是否有其他能够确保最低保障的收入来源？

- **确定收益增长杠杆**

你正在做的事情，如果需要进一步加大投入，收益会大幅或更快速增长吗？

如果你能够确定收益增长杠杆，也就是可以四两拨千斤的那个点，那么你就可以把有限的资源投入到这个点上，让收益空间变得更大。比如，下一步的增长是通过互联网裂变的方式还是通过找到更多人合作的方式，你需要明确自己的增长策略，来确保你的投入能够带来相应的回报。

确定最大成本、确定最低收益、确定增长杠杆，如果能够遵循上述的原则，找到这三个关键点，不仅可以控制风险，甚至还可能找到更大的收益空间。

本质上，控制风险的最好方法，就是尽可能"从不确定性中找到确定"。

预备策略：前线与支援

单兵冲上前线，最怕的不是受挫，而是没有支援。

所以，超级单兵必须预备好支援自己的预备策略。

策略一，预备水库。

"水库理论"是日本四大经营之神之一的松下幸之助倡导的抗风险策略。

松下幸之助认为，每家企业必定会经过经济周期的起起伏伏。所以，企业想要抗风险就要预备水库，经营景气时就要为不景气时做好准备，预备充足的准备金、人才、技术等，以备不时之需。这个策略日后被另一位经营之神稻盛和夫运用在了京瓷和KDDI，都大获成功。企业能够抗风险，穿越经济周期，这也是很多日本企业能够基业长青的重要原因之一。

超级单兵也要为自己提前预备水库。比如，平时自己有不错的收入的时候，就要抽出一定比例作为准备金进行理财投资。请注意，一定额度的存款和长期理财，并不是有剩余钱的时候做的可有可无的行为，而应该成为必须要养成的习惯。

你可以践行下面的公式：

"收入－理财＝支出"，而不是"收入－支出＝理财"。

从你的收入中，先留存一定比例或一定金额的存款，转到独立的理财账户，剩余的部分再安排适度的消费，而不是先肆意消费，有剩余再说。对于大多数一般收入的人群而言，如果先去消费，通常都不会剩什么余钱能理财或投资。这样很容易就会成为月光族、花呗族。如果突然遇到新冠疫情这样的危机，或有被裁员、生大病之类的变故，你的工作停摆了，你就没有能够度过危机的财务支撑。

理财账户，就是抗风险的"预备水库"，在现金流充足时蓄水，在危机时可以保障生活，甚至可以成为东山再起的种子资本。

策略二，杠铃策略。

在《反脆弱》一书中，作者塔勒布提出了一种策略叫"杠铃策略"。

所谓杠铃策略，指的是当两个极端条件组合时，相比中庸的选择结果更好。

从风险角度，杠铃策略可以理解为不把所有鸡蛋放在一个篮子里，把风险分散。从收益角度理解则是用两个极端组合能带来更大的收益。

比如，在投资中，运用杠铃策略，就是一部分资金放到能够确保基本收益、风险较小的投资中，另一部分资金则选择收益较高、有一定风险的投资组合，而不是全部投入到风险、收益都中等的产品或项目中。

再比如，在创业中，虽然现在大家都鼓励创业时要义无反顾，但其实像比尔·盖茨、扎克伯格、拉里·佩奇等"大拿"们当年也都是运用了杠铃策略——他们创业之初都告诉自己，如果单子拿下来就接着干，如果拿不下来就接着读书或者干别的项目。这些厉害的人在初期无一不是配置"杠铃策略"。

所以，面对不确定性，千万不要一下子把自己的全部都搭进去,这样失败的概率很高,更可怕的是失败之后元气大伤,再想东山再起就没那么容易了。

策略三,支援团队。

超级单兵不能单兵作战,需要预备好支援团队来一起抗风险。

蚂蚁集团 CEO 胡晓明(花名"孙权")就曾坦言说,加入支付宝的时候他就跟老婆说:"如果做新公司失败了,你养我两年。"可见以家庭为作战单位就比个人单兵作战能更好地抗风险。丈夫创业风险高,妻子提供生活保障。孩子想做冒险的决定,父母兜底。家人通常都是最为直接的支援团队。

工作中,我们在第五章中所谈到的"价值网",包括客户、供应商、合作伙伴、补充者,都有可能成为你的支援团队。他们不仅助推超级单兵往前冲锋,有时也可以分担风险,在危急时刻帮助你解决难题、渡过难关。这也是为什么我们要和价值网深度绑定,建立长期信任关系的原因。

针对背后的"支援团队",超级单兵需要做的非常非常重要的一项工作,就是思想工作。让支援团队充分理解你要做的事情的使命、愿景和目标计划,以及潜在风险,还要清楚他们和你一起承担些什么风险和后果。有些人会选择不到万不得已时就不说这些不好的,风险都自己扛,但实际上,我们更加鼓励把这个思想工作做到前面,出发时就获得理解和支持。

当然,这个思想工作做起来并不容易。有时候说服一个身边的家人远难于说服100个员工。所以,请不要期待一次性说服所有人都那么容易地支持你,愉快地承担风险。这个思想工作需要多次坦诚的沟通以及一次次胜利的小战役来让他们看到你的决心,相信你的决定。你也不需要一定说服所有人,但至少要提前告知风险,这样真的风险来临之时,你还能保住信用。因为,人们讨厌的除了风险本身带来的后果,还因为"不被告知"而感到愤怒。所以,只有坦诚沟通,并获得支援团队的理解和支持,你才能够在危机时得到及时的支援。

人生总会遇到至暗时刻,提前预备支援的力量,就能更勇敢地往前冲锋。

撤退策略:冲锋与撤退

超级单兵,不能只是光会冲锋的勇士,还应该是懂得战略撤退的智者。

著名的战略专家、科特勒咨询集团中国区管理合伙人王赛老师在《增长五线》中讲到"撤退线"的重要性。大多数人似乎都认为,撤退代表软弱、放弃和认输。实际上,撤退不等于溃败,很多时候撤退反而是保存实力、以退为进的明智之举。

战争中撤退是一种谋略。"二战"时期，敦刻尔克大撤退就是让英军保存了有生力量，获得了士气和人心，被历史评价为"输了一场战役，却赢得了一场战争"。

在商业领域里，市值逼近万亿港元的美团曾在发展过程中也多次选择撤退，创始人王兴自己更是被誉为"九败一胜"，撤退了很多次之后才在美团项目上大获成功。你会发现，从创立校内网、饭否网到美团，每一次撤退，他的骨干团队依然伴随左右。可见，王兴其实是在撤退中保存了骨干力量。这样看来，多次失败就不是简单撤退了，而可以看作是战略性的撤退。

那么，超级单兵又该如何借用王赛老师的"撤退线"原理，设计自己职业发展中的撤退策略呢？

第一，敢跳槽，在最佳时机跳出舒适圈。

在任何一个组织，就要想到一定会有"离开"的那一天。关键是，什么时候是最佳的跳槽点？

英姐，是一家央企的人力资源高级经理。她从北京师范大学一毕业就加入到这家公司，一待就是25年，如今她也奔五十了。她在26岁就当上了人力资源经理，这在国企是相当快的升职速度，可见其能力之强。在职业的上升期，她也曾遇到过职位更高更有挑战性的工作机会。但她当时觉得，环境熟悉，领导也很器重她，外面的机会没有这里舒服。到现在，她在这家公司已经到了天花板，而这时候再想跳槽却发现并不容易。这些年英姐只做自己那摊熟悉的人力资源中的事务性工作，所以没法胜任更高的高层管理职位，而一般岗位她的竞争力又比不上年轻的"90后"。这时候她才后悔当初没有早点跳出去历练自己。

跳槽，从来不是在走投无路时的无奈选择，而是在最佳出售点销售自己。当外部对你的价值认可达到相对高点时，通过跳槽提高自己的身价。更重要的是，通过跳槽，从舒适圈跳出来，打造更大的能力圈，这才是跳槽的真正意义所在。

第二，做减法，及时阻止损失积累。

我们不可能做对所有决策，所以在发展中一定会遇到损失的情况。损失本身并不可怕，可怕的是损失的滚动积累。

英国历史最久的银行之一——巴林银行，就是由于一名新加坡分行交易员尼克·李森进行衍生金融产品的超额投机交易失败而倒闭的。1992年开始，这位交易员就私下做投机交易，在新加坡和东京交易市场进行衍生品交易，小额的卖出模式一般不会产生股指大幅变动。然而1995年1月，阪神大地震把整个亚洲股市打乱，李森的投资也随之遭殃。这时他试图补回损失，做了一系列风险越来越高的投机决策，赌日经会停止下跌快速回升。这个窟窿最终累积到14亿美元，超过了银行可交易资本的2倍，直接导致了银行的倒闭。

所以，当发生损失时，不能怀着赌徒心理，而是理性地及时止损。如果可以，在早期就去除那些可能造成未来损失的风险因素更好。

美的集团CEO方洪波先生就是做减法的高手。在2012年国内产能过剩之时，美的集团开始"急刹车"式战略转型，开始了企业的"瘦身运动"。他去除缺乏核心竞争力的产品线，从22 000个到2000个，组织也裁员7万人。四年后，美的集团进入世界500强，2017年净利润达到186亿元。试想一下，如果当年方总不大刀阔斧砍掉风险要素，也许美的集团就被那些亏损的产品和效能低的员工给搞垮都说不准。

当然，任何事情都不是一开始就赚钱，因此一定时间内一定额度的损失其实是可以承受的。但这样的亏损必须是为了达成某种战略性的目的而付出的有底线的代价，而不应该是无止境的投入。

第三，懂撤退，找到达到目标的路径。

撤退，有时是为了实现目标而做出的主动选择。

举个例子，一次会议中，我汇报一个项目方案。一位同事怒气冲冲地在老板面前指责我项目前期中的一些问题。在此刻说这么多我的问题，无疑对我接下来的工作推进形成了障碍，埋下了风险。如果是你会怎么办？直接开火和对方互怼起来，掰扯清楚谁对谁错吗？

我并没有那样做。且不说我真的避不开责任，就算在理，互怼并不会解决问题，不能给自己加分。所以，我决定采取以退为进的策略。无论他说什么难听的话，我不仅没有激烈反击，甚至还虚心承认自己的管理责任。我还提出后续项目管理中的改进措施，借题发挥争取规避风险所需的资源支持。

会议茶歇时，茶水间里碰到老板，他对我说："那位同事刚才说得那么激烈，你竟然没跟他交火，选择以退为进，真为你点赞。"最终，老板反而觉得我有担当，我推进的项目方案不仅顺利通过，还获得了更多的资源支持。

所以，不要争表面上的一时输赢，以退为进，实现最终目标才是真正的赢家。

担当策略：损失与补偿

我们一直试图想更好地预测和预防风险，做出损失最小的最优安排。

可生活的真相是，历史总是惊人的相似，即便我们不想冒同样的风险，不想再犯同样的错误，但总有一些危机我们无法阻止它发生。能够抵抗这些不可抗力的最好策略，不是逃避，而是承担，甚至是主动地担当。

第一，爱上随机性，敢于做决策。

著名的法国哲学家布里丹做了一个实验：一头又饥又渴的毛驴刚好站在距离食物和水一样远的地方，由于在先喝水还是先吃草这两个选择之间难以取舍，毛驴最终死了。如果随机性地选择任何一个方向，不管先喝水再吃草，还是先吃草再喝水，驴都会得救。后来这种决策两难也被称为"布里丹毛驴效应"。

听起来这很讽刺荒谬，但生活中我们又何尝不是常常面对这样的决策困境——先考研还是先就业？选择A公司还是B公司？投资A项目还是B项目？甚至嫁给A男还是B男？……永远是个难题。其实你无非就是在担心选择A享受不到B的好处，选择B享受不到A的好处，又或者担心某一个选择带来的可能的损失。

"布里丹毛驴"的故事给我们的启示是，无论怎样选择，都必有代价，而任何一个选择其实都可以，不做选择才最糟糕。

既然如此，在面临两难困境时，就让我们爱上随机性，敢于做出一个决定，尽最大努力让自己的决定变成正确的决定就好。

第二，背水一战，不给自己退路。

公元711年，著名的阿拉伯指挥官塔里克率领一小支阿拉伯军队从摩洛哥穿越海峡攻打西班牙的西哥特王国。

登陆后，塔里克放火烧掉了所有船只。然后，他发表了著名的演说。"你的身后是海，你的面前是敌人。你们知道敌我悬殊之大。你所能依靠的就只有手中的剑和心中的勇气。"塔里克和他的军队就这样烧毁船只，背水一战，最终控制了西班牙。

这，就是不给自己退路的力量。

每年我都会辅导一些 MBA 考生，有些同学是这样考虑的："我先随便提交材料看看，要是过了就准备一下面试，哪怕最后考不上，照样回去工作，没什么损失。"看起来，似乎是预备了退路，抵御没考上之后的风险。但，实际上这只会放大"考不上的风险"，这种心态让有了退路的同学不怎么下苦功夫，很难逼出潜力。所以，通常我在第一堂课首先强调，让学员内心里烧掉自己那艘"回去的船只"，不要给自己留后路，以今年必考上的信念去全力以赴备战才有胜算。

所以，策略上，我们固然可以为自己失败的结果做些准备，但心态上，千万不能给自己留退路，只有全力以赴，逼出潜能，才能真正以胜利抗风险。

第三，主动突破，启动反弹机制。

尼采有一句经典名言："杀不死我的，只会让我更坚强。"

这其实是在诠释人类的一种反弹机制。比如，对危机的恐惧让人警觉，疼痛的感觉提醒风险，刺激的压力会逼出不可思议的潜能。看似不好的磨难和感受反而会激发出反弹能量，让你变得更加强大。

40岁离了婚、欠200万元债到深圳创立华为的任正非，在婚姻中连冰激凌都不敢买的卑微妻子到如今以霸气表情上热搜攒人气的刘敏涛，在他们身上我们都能看得到那种磨难过后的反弹的力量。

那么，如果我们自己能够有意识地启动这个反弹机制，也就是自己创造挑战和压力，就能激发自己的潜能。很多优秀的企业也是这样迭代的，比如，腾讯的赛马机制、阿里巴巴的魔鬼训练和PK（对决）机制，都可以激发员工的潜能，激发业绩和创新。通过极端压力的洗礼之后，一个个员工出去都成为超级单兵。

就如村上春树在《海边的卡夫卡》中写道："暴风雨结束后，你不会记得自己是怎么活下来的，你甚至不确定暴风雨真的结束了。但有一件事是确定的：当你穿过了暴风雨，你早已不再是原来那个人。"

所以，风险，并非只是坏事。想要真正活成超级单兵，就要积极地面对，把平时遇到的问题都当作"人生压力测试"，甚至还要主动创造挑战，当危机真正来临时，就会自动启动反弹机制。

总结起来，超级单兵的"超级"，并不是拥有多超级的技术工具，更多是具备顺风时居安思危、逆风时乘风破浪的"风险意识"。在正确的风险意识下，每个人都能够通过刻意练习，打造自己强大的心智、敏锐的觉察力、前瞻的管控策略。而这种"意识"才是真正以内控战胜恐惧的底层力量。

最后，以著名哲学思想家王阳明的一首《泛海》作为本章的结尾，愿你我在风云变色、巨浪滔天的人生航海中，拥有作者那样不为风雷所动的飒然姿态。

险夷原不滞胸中，何异浮云过太空？
夜静海涛三万里，月明飞锡下天风。

05 重点笔记

风险内控系统：心智系统、风险认知系统、风险管控系统。

心智系统：接纳风险、敬畏风险、管理风险
- 温水模式，不要逃避风险；
- 高速模式，不要小看风险；
- 跌落模式，不要放大风险。

风险认知系统：调整尺度，监测风险

- 财务视角，监测财务风险；
- 流程视角，拆分基本要素；
- 利益相关者视角，分析利害关系；
- 从未来视角，感知可能的失败。

风险管理系统：积极应对，勇敢担当

- 控制策略：成本与收益；
- 预备策略：前线与支援；
- 撤退策略：冲锋与撤退；
- 担当策略：损失与补偿。

推荐阅读：

［日］稻盛和夫,《在萧条中飞跃的大智慧》，曹岫云译，北京，中国人民大学出版社，2009。

［美］纳西姆·尼古拉斯·塔勒布,《反脆弱》，雨珂译，北京，中信出版社，2020。

第七章

敢迭代：没有成功只有成长

一切灿烂终将走向没落，你能再一次重生吗？
一切重生必将付出代价，你敢革自己的命吗？
今天归零是为明天发光，你能破局创未来吗？
停止迭代等于等待死亡，你今天还在成长吗？

如果你有清晰的目标，按照超级单兵成长罗盘一步一步执行，再结合一点点运气，相信你一定会有所成绩。或许你在公司里蒸蒸日上，或许你开展的业务稳定上升。这样，你就可以高枕无忧了吗？

不！恰恰当你走上高峰的时候，就需要提醒自己注意了。因为，世界上没有永恒的成功，有上坡就有下坡，有兴旺就有衰退，而只有进化，才是永恒。

著名投资家瑞·达利欧在著作《原则》中说："进化是宇宙中最强大的力量，是唯一永恒的东西，是一切的驱动力。……这个进化循环不仅适用于人，也适用于国家、企业、经济体，以及一切事物。整体会自动地自我修正，个体却不一定。"

如达利欧所说，不是每个个体能够跟得上整体进化的进程，很多物种在整体系统的进化中会被淘汰，这就是残酷的自然法则。所以，想要持续生存和发展，我们就要不断地自我迭代，适应新环境及其变化。

"迭代"，在科学意义中，是指不断用变量的旧值递推到新值的过程，也可以简单理解为不断推陈出新。迭代的理念迁移到职业发展，就是每个人在任何职业发展阶段，都需要不断推陈出新，发展出新的成长空间，这就叫"迭代"。

所以，"迭代"，并不是简单升职或换公司，而是真正提高底层能力，提升职场竞争力，拓展未来的职业发展空间。"迭代"，也并不意味着一次性的成功，而是持续成长的动态过程。

那么，如何通过迭代，为自己开创未来新的发展空间呢？我们需要提前布局人生事业的"第二曲线"。什么是"第二曲线"？我们又该如何运用"第二曲线"工具来帮助自己成长呢？

01 提前布局"第二曲线"

"第二曲线"，这个概念是被誉为"管理哲学之父"的英国管理大师查尔斯·汉迪在《第二曲线》一书中提出的。而后被誉为"创新之父"的克里斯坦森教授在《创新者的窘境》一书中用来解释企业组织的兴衰存亡，并提出通过创新迭代获得企业可持续发展的重要性。这个原理，也完全可以运用在我们的职业发展乃至人生发展中。

先了解一下"S型曲线"是什么。任何一个事物的发展都会经历"开始、上升、极限、衰退、死亡"的S型曲线的生命周期。

如图 7-1 所示，第一个 S 型曲线叫"第一曲线"，也就是你目前的主业。第二个 S 型曲线就是"第二曲线"，是非连续的未来曲线，意味着下一阶段的新发展状态。

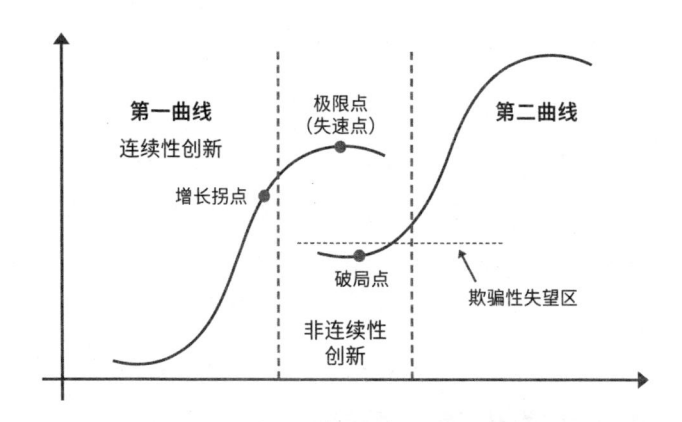

图 7-1 第一曲线与第二曲线（图片来源：李善友，《第二曲线创新》，北京，人民邮电出版社，2019）

第一曲线和第二曲线分别让我们看到两种上升状态，也可以体现我们事业发展中的成长状态。

- 第一曲线精进

在现有的第一曲线上增加投入，获得成长。这部分可以参考前面第三章练内功部分的方法论。

- 第二曲线迭代

通过能力和边界的突破，实现全新的成长。身处第一曲线上很容易忽视布局第二曲线，而这里恰恰就是未来所在。

想要创出自己人生事业的第二曲线，需要理解第二曲线的三个关键原理。

第一，第一曲线终将到达极限点。

任何一条向上的S型曲线发展到一定程度后一定会出现拐点，增长开始变得缓慢，最终会出现"极限点"。如果任其发展，就一定会走下坡路，最终走向死亡。

这就意味着，于组织而言，"基业长青"只是我们对组织生命永续的美好愿望。如果没有任何干预措施，没有变革，没有创新，没有任何一个组织可以永续。

所以，即使你所在公司非常好，也需要时常关注公司现在处于哪个阶段，是第一曲线的上升期还是快要达到极限点？这对于你未来的职业选择至关重要。

同理，于个体而言，任何一个再厉害的人到了一定极限点终将会走下坡路。过去，S型曲线的发展相对平缓。一个人一辈子也就能画一个S型曲线，上升到一定程度退休后才会往下走。但如今，S曲线的迭代速度加快，也更陡峭。一个人可以一夜成名暴富，也可以一夜之间面临危机甚至破产。

这也是为什么超级单兵需要时刻提醒自己，在上升的时候，提前布局职业生涯的"第二曲线"，这是能够持续拥有未来的保障。

第二，第二曲线的非连续性。

第二曲线并非是原有的第一曲线的延长线，而是另一条非连续的S型曲线。

第二曲线是通过能力突破，另辟蹊径，画出一条新的未来曲线。它可以是迭代出来的新技术、新产品，也可能是人生中新的职业或行业的选择。

这些转型或跳跃因为有了"非连续"的鸿沟，从第一曲线到第二曲线的跨越并非易事。在第一曲线上你已经积累了丰富的经验，可是当布局第二曲线的时候，你可能甚至都不知道从哪儿切入，也没有成熟的价值网支持。而且，往往第一曲线强大的惯性能够把你绑在没落的第一曲线，一同遭受损失甚至"死亡"。

所以，未来的答案，不在过去的成功里，要跳出原有第一曲线的束缚和惯性。

第三，第二曲线要趁早从更低的地方破局。

通常，第二曲线的初期表现都不会让你眼前一亮，甚至常常让人大失所望。

比如，所谓新产品在功能上未必比现有产品技高一筹，所谓新技术未必有更好的市场反馈，去新的公司，可能要从更低的职位开始，薪酬或许只是原来的1/3。

这些都是破局前的正常表现。可一旦破局成功，技术的进步、时代的大势都会让第二曲线快速上扬，实现10倍速的增长，最终会颠覆原有的第一曲线。

查尔斯·汉迪在《第二曲线》一书中总结到:"第二曲线必须在第一曲线到达巅峰之前就开始增长,只有这样才能有足够的资源(金钱、时间和精力)承受在第二曲线投入期最初的下降,如果在第一曲线到达巅峰并已经掉头向下后才开始第二曲线,那无论是在纸上还是在现实中就都行不通了,因为第二曲线无法增长得足够高,除非让它大幅扭转。"

可见,第二曲线难的是对破局点和切入时间的把握。好的破局,并不是到了火烧眉毛的时候才开始,而是需要提前判断第一曲线极限点,洞察到切入第二曲线的机会,并敢于投入到开始不被大多数看好的新领域,还要经过多次失败的尝试。

如此看来,超级单兵的"超级"其实是一种敢于自己革自己命的勇气和魄力。

综合起来,第二曲线是非连续性的未来曲线,是通过能力和边界的拓展,开辟出新的发展空间。想要成为超级单兵,就要从第一曲线跨越到第二曲线。

02 为什么自我迭代如此之难

如今这个竞争激烈的世界里,大家都知道要成长,要迭代。但为什么大部分人明明知道自我迭代很重要，却很难革自己的命呢？

先分享我的同事牛博士的故事。牛博士曾经是我在体制内同一部门的同事。那时我们一起做项目，一起研究课题，一起学习英语，论管理和英语牛博士都很牛，论工作内容和级别我们起步都一样，未来职业发展通道也差不多。不同的是，牛博士很安分，做着对他而言没什么挑战的事务性工作，也很享受舒服的工作节奏。而当时的我不甘心一眼望穿20年后的自己，工作之余还谋划继续深造和挑战新工作。后来，我出国留学，回国后还辗转互联网公司、咨询公司各种折腾。

十年后，我以管理咨询专家的身份去参加前东家组织的管理研讨会。回到久违的办公室，牛博士依然坐在原来的工位，做着原来的工作，熟悉的文件、熟悉的摆设，仿佛时间定格在十年前。

和牛博士的交谈中我发现，他已不再研究课题，不再精进英语，眼神中已然找不到当年从小城市到北京闯荡时的倔强和拼劲。听说他这几年晋升之路也不太顺，错过了几次关键机会，之后一蹶不振基本也就停留在原来的岗位了。

"不瞒你说，我挺羡慕你的，学习深造、体验不同行业，折腾得很精彩。"

"你也可以呀，工作也不算太忙，要不写个公众号分享你那渊博的知识吧。"

"我都一把年纪了，算了，就这样吧。"

他所谓的一把年纪其实也就是40多。在无奈与自嘲中，显然能感受到他已经放弃了人生其他的可能性。

我无法评价牛博士活法的对错，更不是说体制内外的工作哪个发展会更好，每个人在任何岗位上都可以创造价值发光发亮。但关键是，自己心中的满意度却是瞒不过自己的。如今的他明显不甘心却无能为力，把自己的路越走越窄，更没有勇气去改变和迭代，只能叹息岁月没饶过自己。

这个故事里没有残酷的失业，没有惊天动地的破产，牛博士的后来也许就是大部分人追求的所谓"安稳"的结局。但如果是你，会满意那个放弃可能性的自己吗？如果你所在的地方是一个厮杀在竞争中的企业，会任由你"安稳"吗？

我一直在思考，到底什么在作祟让很多像牛博士那样曾经还算很牛的人都不知不觉间成了放弃和停止自我迭代的人？

第一，成也萧何，败也萧何，我们恰恰会败给自己的"优势"。

你有没有只喜欢干自己擅长的工作？比如，宁肯做自己得心应手的技术也不愿意当个团队领导？

我自己曾经就是那样。在做咨询顾问很顺手的时候，我很享受项目交付部分的工作。因为擅长，既容易产出成果也很舒服。我不需要像合伙人那样操心开发客户、组织团队，还要对咨询方案全权负责，承受客户的压力。那时的我根本没有意识到自认为擅长的能力形成了"舒适圈"，恰恰成为突破成长的屏障。

战略大师迈克尔·波特和伦纳德·巴顿都曾提出过，核心能力会变成核心刚性。也就是说在快速的环境变化中，无论是组织还是个体，其核心能力常常无法随之改变，原有的核心能力非但不能成为竞争优势，反而成为发展的桎梏。

看看那些曾经辉煌的企业，率先发明数码相机却因超强的胶卷技术而错过数码时代的柯达、智能手机时代被淘汰的昔日手机霸主诺基亚、当年 MP3 的中国霸主爱国者，这些企业恰恰都是因为自己超强的核心能力而止步于那个时代。

后来，我刻意让自己多参与商务谈判、讲公开宣讲课、直播宣传新书等工作，突破了自己，跳出了舒适圈，不仅自己升为合伙人，还帮助了更多客户企业。

所以，也请你看看所在公司的核心能力是否开始转向核心刚性？看看自己是否开始放弃挑战？请你时刻提醒自己，以开放的心态去学习和接受新领域，固然会出现不舒适感，但恰恰这个不舒适感会带你练出新的肌肉，造就更强大的你。

第二，追求安稳，却不得安稳，我们败给对变化的"逃避"。

面对美好的事、喜欢的人、成功的事业、赚到的财富，你会不会希望留住这些？想永远留住美好是一种幻想，这会让人本能地逃避变化、害怕失去。

逃避变化也会形成惯性。且不说那些不愿放弃已经拥有的，有意思的是，甚至目前状况不太好的人们很多都宁肯继续糟糕着，也不愿意改变。因为，改变意味着不确定，不确定性意味着攥在手里的那一点点"小确幸"都有可能全盘失去。

就像顾城在《避免》中写道："你不愿意种花，你说，我不愿意看见它一点点凋落。是的，为了避免结束，您避免了一切开始。"我的同事牛博士就是那样宁可接受自己不甘心不满意的现状，也不愿意开始尝试新的可能。

其实，稳定而持久，这是我们对事物的一种错觉。"不变"并不能留得住我们想留住的，相反，"不变"是在坐等未来的危机。

你越想安稳，就越不得安稳。

第三，你不先动，未来不动，我们败给对未来的"等待"。

我常常看到很多人有这样的想法："我先只管认真做好手头这些事，如果未来给我新岗位、新机会，我也可以尝试，可以挑战。"

乍一看，这话没毛病。我们需要把手头上那个"第一曲线"做到足够好。可别忘了第二曲线的"非连续性"，也就是说，未来所需要的能力、资源、机会并非在现有的第一曲线上自然生长出来。比如，你在现任岗位上表现不错，而公司创新部门所需要的核心能力你未必已经具备；你在现在的公司做得还不错，而未来换个行业换个公司你未必能够直接复制现在的经验。

如果，你只是在"等待"领导给你新的职位，只是在"等待"世界给你新的机会，那么你要么等不到，要么就算等到了，也不给你充分的准备时间而失败。所以，未来的正确打开方式，不是先有机会去迭代，而是你先迭代才能得到机会。

两年前的年底，我回老东家与牛博士一同参加年会辞旧迎新。我把自己思考的第二曲线原理和一些感悟分享给牛博士，他似乎深受触动。八个月后，我收到牛博士寄来的一本新书，同时他发来微信说："谢谢你，你说得对，我不该给自己设限，早早放弃成长和迭代。我今年刚出了本新书，不为什么职位，只为分享研究成果，希望对一些企业有所帮助。"

我很开心看到牛博士的转变，从牛博士的身上也看到，走向自我迭代的第一步，其实就是心中做到"不设限、不逃避、不等待"。

此刻开始，请你也勇敢面对变化，主动创造机会，即使没能一下子成功拉出第二曲线，你都会有所成长，多年后你一定会感谢当年自己勇敢迈出的那一步。

03 迭代之路上的陷阱

有了敢迭代的心态可以让你迈出第一步，但后面的迭代之路单凭勇气那是不够的。要想在第一曲线达到极限点之前，就开始切入到理想的"第二曲线"，这个过程充满着各种陷阱。先要警惕最常见的三个陷阱。

陷阱一，遇到"虚假极限点"。

工作几年之后，你有没有遇到过这样的感觉："这个行业我已经做不下去了，我需要跳槽或者转行了吧？！"不管是在职场上还是创业路上这种做不下去的感受如同婚姻中的七年之痒一般隔几年就会出现。那么，这种感受是否意味着自己所在行业达到极限点了，真的要全身而退跳到第二曲线了呢？

让我们先从一个商业案例来理解"极限点"。根据易观智库2011—2013年中国运动鞋服行业数据，李宁等本土品牌的销售额急剧下降，看起来是达到极限点之后的衰退。感到危机的李宁选择了大刀阔斧的品牌重塑，从品类到价值主张全都换掉。而大变革却没带来正反馈，销售不仅没增，反而还出现断崖式跳水。

从需求端，我们却看到顾客对运动鞋服的需求不减反增。再去看看国外品牌像耐克在中国市场的销售额连续十年一直在增长，根本没遭遇什么极限点。为什么？因为，这个看起来像极了的"极限点"，其实并不是整个行业的需求端带来的天花板，而是本土企业的批发销售模式走不通造成的。

你会发现，本土品牌看到的极限点，只不过是整个行业的小小波动而已。所以，遇到真的极限点，壮士断臂，启动新的领域；遇到虚假极限点，遵循行业发展规律，自己做到精进就好了。

职业发展也是如此。当你觉得这个行业做不下去了，很可能并不是行业真的要没落，而是你自己的业务模式需要迭代。你觉得在公司里遇到天花板了，可能是能力的局限，而不是公司真的没有上升空间了。这时候最好的解，并不是着急跳到第二曲线从零开始，而是在第一曲线上精进。因为，大多数人其实压根也没真正做好第一曲线就草率地换条赛道，这样蜻蜓点水是不可能达到高峰值的。

所以，当你准备全身心跳到第二曲线的时候，请先想想，你以为的极限点真的是无法逆转突破不了的极限点吗？

陷阱二，对"更好"的期待。

一说迭代，你大脑里是否会浮现出更好的产品、更好的技术、更大的市场？一说到职业发展的迭代，你是否期待更好的公司、更高的职位、更好的待遇？

但这样美好的期待恰恰可能会成为陷阱。对"更好"的期待会让你只想跳到更高的地方去开启第二曲线，根本看不上更低端的选择。

很多时候看起来所谓"更好"的选择，并不是第二曲线的胜利，而只是在第一曲线短期的小增长而已。比如，换个给钱更多的同样类型的职位，可能就只是延续重复使用第一曲线的能力而已，谈不上有什么突破性的迭代。

相反，有些短期看起来不一定最好的选择，未来也有可能颠覆。比如，有些起步岗位更低、薪酬更低，但平台更好、行业更有前途，几年后很可能就走向快车道。商业上，这种案例也比比皆是。拼多多早期就是被贴上"低端"的标签，被淘宝、京东鄙视，但如今已经成长为能与阿里巴巴集团抗衡的千亿元级市值互联网电商公司。

所以，未来想要成为超级单兵，今天你就要放下身段甘愿从更低的地方切入，那些一时的抬头和薪酬都是浮云，重要的是，你通过这份工作能否实现自我迭代，能否拉出自己人生事业的"第二曲线"。

我的教练导师叶老师早年在一家银行当副行长。那时候银行的工作令人羡慕，在领导岗位上他也得心应手，一切似乎都顺风顺水。可是，他预感到这样的好日子并不会长长久久。想到自己如果哪一天离开银行，就根本没什么本领，他便开始在工作之余学习教练技术，开始布局职业生涯的第二曲线——领导力教练。

随着他的教练技术越发成熟，可以接客户赚钱了，叶老师就辞了银行的工作，全身心踏上了职业教练之旅。大家都非常不能理解，放着高薪、舒服的银行高管不做，竟然成了全国各地奔波的自由职业者，赚的钱还不如原来在银行多。

但几年后，叶老师的前同事们要么退休要么被辞退，叶老师却成为国际教练协会认证的大师级教练，迎来职业生涯新的巅峰。如今，他创办了专业教练机构，为世界500强企业高管做领导力培训，还致力于培养更多专业教练。

可见，在第二曲线的初期，放下对"更好"的期待，从低端开始切入，躬身入局为的是日后的爆发和更持久的奔跑。

陷阱三，"过度满足"市场需求。

你现在想要转换的领域是不是市场需求很旺盛的领域？或者现在挑战的新工作始终没能变现，你是否会对自己产生怀疑？

举个例子，最近全民都在探索如何当主播直播带货。众所周知，当红主播李佳琦几年前刚开播时直播间根本没什么人气，甚至最惨的时候有过零观众的尴尬场面。那时社会也很鄙视主播这个行当。如此没有市场需求与认可，如果是你，会选择继续坚持做美妆主播呢，还是好好地当美妆导购，未来努力当上店长呢？

虽然现在看来答案很明了，但当初又有几个人能做出坚定的选择呢？继他成功后，无数人进入美妆主播行列。如果说，当初零需求也坚持当主播的李佳琦是对的，那么在后来如此旺盛的直播带货风潮下，前赴后继地一个个都去做主播也是对的吗？其他主播们真的能成为第二个、第三个李佳琦吗？

现实世界中，迭代的开始往往早于市场需求。你的新想法、新产品、新职业往往一开始不太被大众所理解。没有客户埋单，从开始到爆发之前，你要做好心理准备承受孤独的等待、众人的鄙视、无数的失败。

从第一曲线到第二曲线的跳跃，就是一段走在黑洞里的孤独的旅程。

04 自我迭代的四步循环

在不确定的黑暗中前行，摸索着找出那个自我迭代的"第二曲线"，我们是否有章法可依呢？请参考如下四个步骤，并无限循环它。

第一步：预测，识别第一曲线极限点；

第二步：破局，寻找第二曲线破局点；

第三步：增长，单一要素最大化；

第四步：复盘，让思维持续升维。

预测：识别第一曲线极限点

你自己的主业现在处在哪个阶段？是快速上升期还是已经停滞不前？

麦肯锡荣休董事、高级合伙人理查德·福斯特在《创新：进攻者的优势》一书中认为："如果你处于极限点，无论你多努力，也不能取得进步。"也就是说，处于极限点时，即使投入再多的人力、物力和资源，产出也会不增反降。极限点是任何S型曲线都无法跳脱的宿命，我们可以延缓极限点的到来，但无法消除极限点。

那我们如何识别自己的极限点呢？

财务指标是一个显性、直接的参考数据。就像企业看财务报表，个人也可以看自己的收入情况，是不是出现停滞不前或连续的下跌？一定程度上，财务情况确实能给出一些信号，但如果极限点真的到来，并体现在财务上的时候，恐怕已经为时已晚。你需要判断第一曲线极限点，提前开启第二曲线的布局。

通常，我们需要警觉三种极限点，看看你踩到哪一个？

第一，岗位极限点。你所在的岗位是不是直升不了上一层了？

举个例子，一个人力资源总监如果不补上"业务思维"这条腿，比如，转去做业务负责人或者去分公司做运营，恐怕很难直升为 CEO。这，就是岗位极限点。

通常后台性的岗位，比如，行政、人力资源、财务等岗位（不包含分管高管），都有类似的岗位极限点。那些曾经的前台到如今的副总裁的励志故事，往往都是过程中在业务或者运营等管理岗历练后，最终才得以突破。

当遇到岗位极限点，就要思考是不是主动申请转岗或者换行业来使自己迭代。

第二，公司极限点。你所在的公司是不是开始走下坡路？

如果你是公司高管或管理者，最好在公司非常稳定发展的时候就开始思考，趁这个发展势头如何布局接下来的3～5年，而不是已经感觉到走下坡路再想。

如果你只是职员，无法参与公司的经营，从个人职业发展的角度，你就要观察公司正处在什么发展阶段，是不是有迹象开始走下坡路。

如果可以，你可以关注公司年报中前三年的业绩，是快速上升的、稳定的，还是下滑的？如果业绩有明显"连续性的下滑"，那就要看公司是否已经启动新方向的探索和尝试？如果连转型的动作都没有，那就很危险了。

如果你没办法看到财务数据，请观察以下三个方面：

• 公司是否有新动向，比如新产品研发计划、新投资者进入等；

• 公司的组织架构是不是有调整，比如新高管或部门管理者更迭；

• 领导和骨干团队工作状态如何？大家是积极向上还是死气沉沉？

如果，你明显感觉公司只吃老本，没有创新迭代的意图，那么请你果断离开；

如果，公司如同一潭死水，从领导到团队成员都是死气沉沉，或者只搞政治不做实事，只求利益不求团结，那么也请你离开这种文化的组织；

如果，你看到公司的骨干管理者都纷纷跳槽，那就要谨慎判断公司是真的不行了呢，还是只是阶段性震荡或困难，要不要和公司一起扛下去，趁机成为功臣。

公司出现极限点的时候，你可以考虑是否凭借这里的经验，去到有发展前景的、有活力的公司，但同时你还要考虑这是不是真的行业的极限点造成的。

第三，行业极限点。你所在的行业是不是已经开始被

时代淘汰？

从VCD、MP3、PC时代到移动互联网时代以及人工智能时代，我们很幸运又很不幸地经历着时代的大变局。很多曾经很棒的企业不是因为不如竞争对手，也不是因为没有客户，是连同客户一起整个行业都被时代洪流冲走了。

你可能觉得："我就是一个技术，我就是做人力资源的，那些行业什么的太宏观了，我也看不懂，跟我也没什么关系。"其实不然，你身处一个朝阳行业，就如同坐了电梯一般，会跟着整个行业的腾飞一起向上。而如果你身处没落的行业，已经快要到达极限点，再挣扎努力也发挥不了你的价值。

的确，对于普通员工，甚至就算是中层，让你看清行业的风云变幻恐怕确实有些难度。但即便如此，我们不能放弃对行业的学习和洞察。更多的信息和认知总归能对你做发展准备和下一个选择提供更多的决策依据。

如何快速洞察行业趋势，你可以尝试下面几种路径：

- 每年两会和政府工作报告中，有没有和你行业相关的政策变化？
- 同行业头部大公司们有没有什么群体性动向？
- 行业论坛上大佬们都讨论什么话题？有什么观点？
- 行业内咨询公司有没有发布行业报告（白皮书或蓝皮书）？

刚开始看这些无聊的报告，听大佬的演讲，你可能会云里雾里也没什么感觉，更别说让自己有什么新观点。但这就和我们学英语磨耳根子一样，每天听，年年听，突然有一天你会发现自己竟然听懂了，甚至会脱口而出一些关键词。

当你有了行业洞察的意识，其实很多信息就会呈现在你面前。想要成为超级单兵的你，将行业洞察养成为一种习惯吧。这不仅能够帮你敏感地捕捉行业的极限点，而且从行业视角再去识别公司和岗位的极限点就更容易了。

破局：寻找第二曲线破局点

预测到第一曲线的极限点，就要快速转移到第二曲线。是否能成功获得下一阶段发展的船票，其关键就是找到第二曲线的突破口，我们称之为"破局点"。

如何寻找到第二曲线的破局点呢？

第一，破。破除"想当然"，回到"原点"。

你的念头有没有被很多"想当然"给禁锢住，对于一些现状连质疑都没质疑过？你会不会在还没有尝试过的情况下，就直接否定一些新的可能性？这，就是阻碍你突破的"局限性信念"。

不得不承认，我自己常常也有各种各样的"局限性信念"。比如，上学时我最怕跑800米，我就认为："我怎么可能去跑长跑，更别提马拉松。"找工作时，我认为："我不懂技术，不可能去互联网公司。"甚至，新冠疫情前我还一直认为："我是一个严肃的管理研究者，怎么可能在抖音、快手那样的地方做直播？"

但是，当我破除这些"想当然"，回到"原点"去思考的时候，我就看到了很多新的可能性。这个"原点"小则可以理解为"目的"，大则可以理解为"使命"。也就是回到第二章定战略时说到的，"终点即是原点"。

"让自己健康"就是"原点"。那为什么认为自己只能安静地做瑜伽却跑不了步呢？我尝试从3公里开始作为破局点，逐渐拉到每天晨跑5~8公里，如今甚至可以跑出半马的距离。现在，跑步已然成为我生活中的一种新习惯，也就是爱好中的第二曲线。

"为人们提供教育服务"是"原点"。那为什么我只能读博后去大学当教授？互联网时代，是否可以有新的互联网教育服务给到大众？因此，我跳槽到移动互联网教育公司，以英语App作为破局点，在那家公司实现了自己从传统行业到互联网的迭代。

"希望帮助他人成长"是"原点"。那为什么只固守所谓高端的企业咨询培训，而不去帮助更多愿意成长的年轻人？所以，以我的线上课《学得会的老板思维》作为破局点,在各大知识付费平台上输出课程,再也不排斥做直播,更开通了抖音账号和用户互动,也因此得以有了撰写本书的灵感。或许,这也会成为下一个第二曲线的破局点。

你会发现,回到"原点",不同时期重新盘点和强化自己最想达到的"目的",会帮助你调整工作形态、业务模式、产品服务、营销方式等一系列状态,因为在什么组织、做什么事、怎么做,本就是抵达"使命"彼岸的路径和手段而已。

回到"原点",适应"变化",你就能看到第二曲线的"破局点"。

第二,拆。找到关键要素,拆到"最小单元"。

所谓"破局点",其标志是让你的发展速度得到10倍速的增加。所谓10倍速的变化,其实不是绝对意义上的10倍的收入或者10倍的什么量,而是打开这个点,就是四两拨千斤,就能看到更广阔、更快速的新的发展空间。

以我们都膜拜的特斯拉创始人埃隆·马斯克为例。他说:"只要给我一个目标,我一定能找到办法实现。"他是怎么做到的呢?

马斯克最开始要做电动汽车的时候,所有行业内的人都觉得不可能。懂行的人都知道,电动汽车造价太高,这一点如常识一般没人质疑。马斯克就找到电动汽车制造中最为关键的要素——电池。再把电池拆解,拆到构成电池的碳、铅之类的基本要素。他调查，如果自己去购买电池的原材料，成本会是多少？他发现，造价5万美元的电动汽车电池，原材料加起来也不到100美元。也就是说造价高的问题不是原材料贵，而是组合要素的组合系统贵。他想到笔记本电脑的轻薄电池，电动汽车难道不能用这种方式组合电池吗？这样，他颠覆了电动汽车电池的组合方式。现在如果你驾驶一辆特斯拉，你相当于坐在一堆笔记本电脑电池上面。这种新的组合方式不仅减掉重量还极大地降低了电池成本。

发现了吗？马斯克就是用"拆解"的方式拆到最小单元，再重新用不同组合"还原"的方式，找到创新的解决方案。

你自己的工作也可以借用"拆解—还原"的方法。比如，工作可以拆解为模块或流程，每个模块再去拆解成更小单元，每个小单元都可能成为突破的切入点。

你自己的能力也可以拆解。比如，对能力的一种拆解方式是，一是通用能力，如责任意识、沟通能力等；二是专业能力，如写代码能力、财务能力等；三是管理能力，如目标管理、激励团队等。当然，你也可以用不同结构拆解。

拆解了能力，你可以回答三个问题：

- 哪个能力是你可以成功的关键能力？（曾经或者未来）

- 下一步你最想极致发挥哪个关键能力？
- 有哪些新职业、新项目可以最好地放大这个关键能力？

如果，你所做的工作并不是你最擅长的或者最想发挥能力优势的工作。你完全可以尝试那些可以发挥你关键能力的新领域，就可以找到新的破局点。

第三，组。改变组合方式，找出差异化。

你过去的人生经历中有哪些标签？你有没有想过，这些经历标签也可以有不同的组合方式？通过重组，找出差异化，也可以找到第二曲线的"破局点"。

露露是我以前的合作伙伴，曾是一家咨询公司的培训经理，她还是三岁孩子的妈妈。爱美的她非常喜欢气味香的东西，为此，她还通过微信众筹远赴巴黎专门学习香薰课程。我们看看她身上的标签，职业中的"培训"、生活中的"宝妈"、爱好"香薰"。这三个标签一组合，就出现了她事业的"第二曲线"了。

露露创办了自有品牌"草木间"，专门针对妈妈和宝宝们提供无防腐剂、无刺激的化妆品和植物精油，还在自己的工作室做了宝妈体验中心，常年进行护肤、育儿、精油的培训，不仅丰富了客户体验，还能形成顾问式销售的会员池。

或许有人说，我没有那么丰富的各种标签，自始至终就做了一类工作，也没什么特别爱好可以衍生出事业来。那我再分享一个财务总监的真实面试案例。

我曾为一家上市公司推荐过一位财务总监候选人蔡总。我陪同蔡总一起去见公司的CEO和人力资源副总。蔡总在前一家公司上任CFO没干三年就离开了，因此在对口的CFO直接经历上并不具备特别强的竞争力。

果然，公司CEO也注意到了这个问题，担心他CFO岗位任职时间不长，深度经验不足。当然，只看财务总监岗位的经验，确实他没什么优势，但我们把他的经历重新组合一下呢？

我给CEO解释为什么我愿意推荐此人。首先，换个视角看专业能力，候选人曾在四大做过审计、在资管做过风控、在上市公司做过资本运作，从审计、风控、资本运作成长起来的财务总监，其视角绝对会与从出纳、会计成长起来的总监的视角不一样。行业知识可以补，财务管理经验谁都有，但多种视角的特殊组合并不多见。而且，作为财务总监这么重要的岗位，要更看重人品、诚信、责任感、职业操守。

发现了吗？蔡总在"财务管理"这个笼统的大点上没能构成竞争力，但如果对财务管理进行拆分，把关键要素组合呈现出来，反而强化了他的差异。最终，凭借组合优势，蔡总获得了这个职位，开启了他在更高平台上的新一段职业旅程。

你也尝试列出自己身上的关键标签,重新组合看看能不能燃出新的火花来吧。

增长:单一要素最大化

看到了破局点,就要投入资源去拉动第二曲线的增长。性价比最高,也是最有效的方法就是"单一要素最大化"。这里的"最大化"指的是"放大关键要素的能量"的意思,而不是绝对量上的最大。

例如,当年马斯克在创办线上支付 PayPal 公司之前,其实原本做出来的是更完善的金融服务系统。他到处去路演宣讲,但投资人似乎对很重的金融服务系统并不感兴趣。不过他在路演中发现,每次大家都对一个点很惊讶,就是用 E-mail(电子邮件)的方式进行支付。后来,他就单把这个功能拎出来,创立 PayPal,从而取得了成功。

单一要素最大化的方式有很多种,至少你可以尝试下面"加减乘除法"。

第一,加法。哪些要素可以增加"客户满意度"?

京东最初的时候,首先放大了"多快好省"这个行业标准中的"好"的要素,在顾客心目中种下一种认知,那就是"京东的东西质量好"。后来,新一轮增长的时候就把

"快"这个要素放大,别人2~3天送达,京东直接压缩到次日达,甚至上午下单下午达。借此,京东迅速在电商行业脱颖而出。同样,拼多多打的是"省"字,以想象不到的便宜开始切进到大佬企业的缝隙中迅速崛起。

那请你盘点一下,自己正在布局的第二曲线的工作中,哪个要素可以通过加法做到超出老板或客户的期待的呢?

回想我每次的职业转型,其中都曾有过做好一个要素而获得机会的经历。比如,在公关公司实习,别人做简报就是把报纸剪下来插入文件夹,我做简报不仅贴好分类标签,还统计好数据,甚至附上分析报告,"简报+分析报告"让我获得更多项目机会。做外事工作,别人翻译就是只做翻译,而我做翻译就会增加额外工作,比如,开完会大家就能马上拿到会议记录,"翻译+会议记录"的习惯让我迅速获得更多机会。进入咨询业,别人做项目就是给咨询报告,我做项目不仅要做好报告,还给企业提供更多价值,比如,翻译、对接资源、写商业计划书路演融资,从而获得长期顾问的合作机会。

请你拎出一个工作模块,给它做加法,让对方感受到一种"超额满意"。尤其在新领域起步时,对自己的高标准会为你创造快速增长的机会。

第二,减法。哪些要素可以用简化的方式先切入?

新白酒品牌江小白就是做减法的一个产物。传统标准中,白酒大部分用在商务场合,好的白酒一瓶的量大,也很贵。江小白做成了可爱的小瓶装,降低了单价,还用一些有趣的营销方式得到了年轻用户的喜爱。这样的案例还很多,只做简单便宜的理发服务起家的"易客快剪"、取消飞机餐和非必要服务的"春秋航空",我们周围很多机会都是通过对传统标准做减法来快速崛起的。

那么,结合自己思考,你即将要切入的第二曲线,可否通过减法,从更简单的产品或模式开始切入,这也会帮你和客户节省成本。

在我刚开始进入咨询行业时,老板让我拓展市场。我发现,自己每次熬夜做很复杂的咨询项目建议书,但拿下项目却并不容易,做了很多无用功,业绩也很惨淡。后来,我就对项目方案做减法,先只抓关键的小项目,而不是一下子建议上百元、上千万元的大项目。这时,因为项目额度不大,人力资源负责人能够做主,就很快切入到客户企业里。通过小项目的交付,深度理解客户需求,获得信任后,就能够继续挖掘更长期的大项目的合作。

显然,减法可以让事物变得简单,让他人容易接纳和切入。

第三,乘法。哪个要素可以用价值网放大?

我们在前面第五章价值网中强调,价值网是放大势能的杠杆,我们可以借助价值网来获得成倍甚至指数级的增长。

丹妮，是我的一个教练学员。她是一个"85后"女孩，梦想在北京创出自己的一片天地。她卖过化妆品，当过导游，做过微商，后来进到一家医美集团当助理。几年前，她在集团高管经营会上端茶倒水，听到要推出"众筹美容院合伙人计划"。她瞬间觉得自己在销售上的优势加上那时风口上的众筹模式，这个项目一定能起来。第二天，她就把20万元积蓄全部拿出来，成为第一批合伙人。之后，她就从做微商时积累的微信群迅速开始推广。短短一年内，她不仅成功开了自己的第一家店，还发展了200位门店合伙人，获得了集团给予的可观的销售奖。

如此快速的增长速度她自己都始料未及，但事业哪能那么容易就成功？原本都已经启动上市计划的母公司因资金链断裂开始大幅缩减对全国各分店的经营支持。原本门店装修、产品研发、仪器采购等各环节都由集团统一管理，后来却让分店自生自灭。不太懂经营管理的全国几百家分店如同一盘散沙开始一个个崩塌。终于，丹妮的两家小店也因经营不善，入不敷出，终于关停了。

失败的丹妮需要重新找到事业的"第二曲线"。刚好，她赶上直播带货的兴起。凭借"美妆销售"和"团队发展"能力的优势，丹妮进入了一家直播平台成为拓展总监，又发展了很多小店主转化成为网络主播。这家直播平台在一年内用户数量迅速达到5000万，公司也因此获得了1亿元

A轮融资。

我们先不评判丹妮的第二曲线选择的对错，值得点赞的是，无论她做什么都基于自己的优势，在风口领域里与大平台合作，并通过团队发展的力量和互联网的力量，每开启一条线，其增长速度都非常之快。

不难看出，快速增长的乘法公式是：

增长势能 = 优势 × 大势 × 价值网势能

请你盘点自己的价值网，看看把自己的优势放到哪个风口领域、与哪个平台合作就能创造最大的增长势能呢？

第四，除法。剔除哪些要素反而会对增长有帮助？

举个案例，我们习以为常地认为健身房是要买年卡的。但有一位万科的建筑设计师跳跳就想能不能剔除"年卡"这个要素。于是，跳跳就创办了"超级星星"连锁健身房，"不办年卡"的健身模式下主推"按次付费"的团体课。一年半内，超级星星就完成从0到1的突破，9座城市建了100多家门店，且营收都非常好。

剔除一个习以为常的"年卡"这个要素，竟然成为转型创业的好开始。除了剔除事情中的要素，工作中剔除"人"的干扰要素也是很重要的。

阿里巴巴集团前组织发展专家张丽俊女士曾分享过她

的故事。那时她刚接管了一个区域,准备开启新的一段工作。可属下的三个团队主管找到副总裁说:"我们不接受新经理,原来的经理带我们能拿全国第三,她看起来好像能力不怎么样。"

三个主管中,主管 A 是全国业绩第三,但最反对她,主管 B 倒是有上进心,新晋主管 C 是懵懵懂懂。通常,区域负责人需要管好每一个团队才能做好整体业绩。而张女士采用除法,也就是日常管理工作中剔除 A 的干扰要素,不理会他。她把精力和资源投入到有潜力的主管 B 和新晋主管 C 上。在她的辅导下,三个月后,主管 B 拿到了全国第二,新晋主管 C 也从第 40 名上升到第 8 名,而老主管 A 却跌落到 15 名。这时,老主管 A 才主动摊牌认怂,表明自己也愿意接受她的领导。最终,其区域一年内就上升到了全国第一名。

所以,有些时候,直接剔除阻碍要素也是可以放大势能的好招式。

不管是加法、减法、乘法还是除法,都是围绕着一个"单一要素"来展开。通过单一要素最大化,放大正向的势能,减少负向的干扰,这才能够让你的"第二曲线"迅速进入快车道。

复盘：让思维持续升维

寻找第二曲线的破局点，找到其中的单一要素，全身心投入把它最大化，完成了这三个动作还不够，还要进行最后一步，就是"复盘"。

复盘，不仅是对前面行动策略进行总结，更重要的是，通过对成功要素的提炼和改进问题的分析，让思维持续升维。这，才是复盘的真正意义所在。

混沌大学李善友教授曾说，他最害怕的是自己不成长了。他自己判断是否成长的指标叫"蠢货系数"。意思是，如果今天的你看到一年前的你，没觉得是个蠢货，那么此刻你很可能已经是蠢货了。

工作中获得成长的最好的方法是"复盘"，那该如何做好复盘并调整自己呢？

第一步，先照顾好感受，给内心充电。

如果你的挑战是成功的，那么你就要借助一次又一次胜利的小战役，将这种积极情绪和能量不仅传递给自己，还要给你的伙伴，让他们更加相信你，坚定地和你同行。

如果你的挑战失败了，那就更应该先照顾好自己的感受，给内心进行充电，以备有足够的心力去开启下一个征程。

小敏，是我高中同学。她其实条件不错，重点大学毕业，做过外企高管秘书，之后跑英国念了硕士。她的前半生顺风顺水,直到从英国回国。30岁那年,刚回国的小敏开始重启事业的第二曲线,想去一家有前途、薪水高、能落上海户口的好工作。可是,在人才济济的上海她想找到这样的好工作还真不是那么容易。

"今天那家公司的面试官我真是看不上,竟然问那样的问题……"

"今天的面试让我感觉我真的啥都不会,这些年白交学费了。"

"我的人生好失败,折腾几年竟然房子也没有,户口也没有。"

每次面试完她都会给我电话,刚开始是抱怨面试官,被拒次数多了就开始否定自己,半年之后连简历都不想投了。我想给她介绍猎头朋友,看是否会有机会,她都不愿去,觉得自己都没脸见人。显然她已经进入了"失败模式"。

"失败模式"的人,会有三个错误的信念:

- 事的失败 = 人的失败;
- 一件事情的失败 = 整个人生的失败;
- 当下的失败 = 未来的失败。

就像小敏,几次面试没过,她就认为自己都好失败,找工作不顺利,会觉得整个人生都好失败,暂时没有找到工作，却觉得未来也根本没希望。其实，一件事的成败并不代表你的价值，不代表人生的全部，更不代表未来的可能性。这一切，仅仅只是一个战役、一个过程而已。

所以，无论成功与否，坦然接纳结果，关照自己的感受，看到积极的一面。

第二步，确定改进问题，改变可控因素。

有了强大的内在力量，就回到事情本身去复盘分析。不管这件事成功与否，你可以从目的、目标、策略三个层面来盘点可以改进的问题和策略。

第一层面，目的。你的目的真的是对的吗？

你到底内心为什么要尝试这件事？有没有什么变化让你动摇了？就拿小敏找工作来说，她的目的貌似是找到事业第二曲线，但其实她去面试的目标企业并不是发自事业愿景的选择，而更看重头衔、薪酬、户口等要素。这时候，用人单位也很难感受到候选人发自内心的强烈意愿，面试怎么可能成功呢？

第二层面，目标。你的目标定得合不合理？

拿小敏来说，她的目标是"找到落户口、薪水高、自己喜欢且有前途的工作"。且不说这几项指标并不是职业发展要考虑的好的关键指标，就算按照这个指标，能落户口的企业通常薪水不会高，薪酬高的工作自己不喜欢，这些指标之间会相互"打架"。这个世界上没有完美的工作，要用关键性的、发展性的指标来确定自己的目标。

第三层面，策略。你真的有策略地执行了吗？

就像小敏，从写简历、投简历、去面试到后续沟通都需要有策略。而她的简历没有针对企业修改版本，投简历也没有具体目标，就在招聘网站上随意撒网，面试前也不做足功课，面试后也不跟踪沟通，也不复盘有什么问题需要改进。

找到好的事业平台对我们的人生发展和成长都至关重要。而如此重要的事情上自己都没能设好目标，有计划、有策略地完成，那还怎么埋怨外部环境呢？

确实，成事需要天时、地利、人和。做成一件事除了自己之外，还需要外部环境的支持。如果你能够可控一些要素，那么你就尽力去改变；如果是改变不了的外部因素，请你停止抱怨，学会自我负责，从改变自己所能改变的开始入手。

第三步，升级思维，重启新探索。

著名投资家达利欧在《原则》中说，"痛苦 + 反思 = 进步"。

看起来心态也调整了，反思也做了，我们是否真的进步了呢？殊不知，大部分人固然通过复盘，进行了反思和改进，但却大都停留在"反思事件"的层面上。

别忘了复盘并不是为了简单改进问题或追究责任，而是为了迭代和成长。如果你只是看到了事件上的改进,没能升级自己的思维,迭代就无从谈起。

那么,如何升级自己的思维呢?

研究学习学的美国著名教授迈克尔·西蒙斯在《贝索斯、马斯克和巴菲特的独特,在于他们对时间的看法不同》中认为,贝索斯等这些巨子们会用四维的眼光来看世界和思考问题。

- **一维视角:专注于某一个领域(专业化)**

比如,一个失败项目的复盘中,可能从技术工程师的视角,他只能看到自己技术的问题,而非看到组织管理的机制问题。

- **二维视角:跨学科学习,应用于特定领域(跨界通才)**

比如,一个互联网产品经理去学习教育学科,做出了在线教育的好产品,这就已经开始跨界了。

- **三维视角:从技巧到原则(思维模型)**

比如,有些人可以归纳出某些问题的底层原则或逻辑,可以举一反三,下次遇到类似问题就能够有方法和工具很快解决。

- **四维视角:从过去到未来跨越几百年的长线思考(时间)**

有些人从历史长河中找到规律,并思考未来更长时间的发展趋势,那些能够做出伟大公司的大企业家们无一例外都是具备长线思考维度的高人。

盘点一下，你自己是否拥有这四个维度视角？

无论你在哪个维度都没关系，成长就是不断发现自己思维中的 bug（漏洞），不断修正、锻炼，从而不断迭代。也只有这样，下一次的探索有了更好的指导原则，成功的概率也会更高。

很久以前，在还没总结出超级单兵成长罗盘之前，我自己在第二曲线的探索中也走过各种弯路。我曾经因为有人要给我订单而注册过一家国际贸易公司。第一次做国际贸易的我，就把这个单子给搞砸了。我不仅没赚到钱，反倒还倒贴公司的日常开支，而且之后也基本没能拓展业务了，这个第二曲线的尝试很快以失败告终。

那时的我，简单地以为自己是因为缺乏国际贸易知识和经验，所以才会失败。现在想来，在这样简单的问题复盘中虽然我证明了自己试错了一个方向，但其实我并没有从这个复盘中得到真正的成长。因为，我只是停留在一维视角，也就是专业化的视角去看问题。

之后，我决定要做喜欢的事，就想当培训师。可是，刚入行的我不仅几个月都没有培训课邀请我去讲，偶尔接到的课也并不是我想讲的主题。更要命的是，没有固定工资的我，交完房贷手里基本没什么积蓄了。最糟糕的时候，账户里只剩下 2000 元，都不知道下个月怎么生活。

到了人生的谷底，我才真正开始重新思考自己过去活法中的漏洞。我重新按上面的四维视角来对自己进行盘点。

一维层面，没有专业。我在尝试做国际贸易的时候，并不具备专业的贸易知识和技能。再之后，即便改了方向，我依然也没有专注地培养出一个我的专业，今天讲礼仪、明天讲沟通，当讲师都没有专业定位。

二维层面，没有跨界融合。不管是做贸易还是当讲师，我并不懂如何做营销，更没有意识去学习和突破如何做营销，所以根本拿不到新单子。更别提用更深的哲学、科技等其他领域的知识来给自己赋能。

三维层面，没有体系。那时在选择一个行业的时候，我并没有清晰的选择原则，连自己的大学专业管理学也没有形成系统化的知识体系，更别提知行合一与实践相结合形成属于自己思维模型。

四维层面，没有长期规划。我从没有思考过自己未来将要活成什么样子，更没研究过用更长时间、更大空间的视角去看世界，以这种视角去长期规划，用长期的视角去发现问题、解决问题。

这一次的复盘，让我开始改变自己，首先，不浮躁地扎在咨询项目精进自己的专业能力。我也开始跨界去学习心理学、教练技术，甚至文学、艺术、生物等课程，也去与不同行业和学科的高人交流。我也开始梳理出组织管理与领导力方面的知识体系。更重要的是，更长远地规划自己的使命、愿景和价值观，让其成为人生的指导原则。

直到今天，我依然不断寻找人生事业的下一个"第二曲线"，也依然在不断升级思维的路上。不同的是，相比多年前盲目试错的自己，至少如今的我已经知道自己往哪里去，往哪里努力。

总而言之，从预测、破局、增长到复盘，自我迭代，其实是一个自我探索的过程，是一个动态修正的循环、一轮又一轮永无止境的成长过程。

有了自我迭代的理念，落地在自己的《年度策略地图》时，我一定会在目标设定中给自己设定"迭代目标"，迭代目标就是为了布局"第二曲线"的一些挑战性的目标。甚至，还有意留出空白，给自己未知的空间去探索无限的可能性。

最后，以亨利·福特在自传《我的生活与工作》中的一段话作为本章的结尾：

> 如果僵化就是成功，人们只需要顺应人性懒惰的一面就可以了；但如果成长才意味着成功，那人们每天早上都必须以全新的面貌醒来，保持一整天的精神抖擞。

没有成功，只有成长，希望明天的你又是全新面貌的你自己。

05 重点笔记

第二曲线：

非连续性的未来曲线，是通过能力和边界的拓展，迭代出来的新的发展空间。

第二曲线三个关键点：

- 极限点：第一曲线终将到达极限点；
- 非连续性：第二曲线不是第一曲线的延长线；
- 破局点：第二曲线趁早从更低的地方开始破局。

自我迭代的三个陷阱：

- 陷阱一：遇到"虚假极限点"；
- 陷阱二：对"更好"的期待；
- 陷阱三："过度满足"市场需求。

自我迭代的四步循环：

- 预测：识别第一曲线极限点；
- 破局：寻找第二曲线破局点；
- 增长：单一要素最大化。
- 复盘：让思维持续升维。

推荐阅读：

［美］克莱顿·克里斯坦森,《创新者的窘境》,胡建桥译,北京,中信出版社,2010。

［英］查尔斯·汉迪,《第二曲线》,苗青译,北京,机械工业出版社,2017。

结　语

超级单兵是如何炼成的

2020年9月，我作为引导师与阿里巴巴盒马鲜生团队一同走了"2020盒马玄奘之路戈壁行"。至此，我已经走完了玄奘之路A段108公里和B段122公里，共计徒步了230公里的戈壁。

也许是老天的安排，此时恰逢我刚刚完稿新作《超级单兵》，带着阿里盒马的超级团队，玄奘之路让我再一次深刻理解了超级单兵是如何炼成的。

玄奘之路，顾名思义就是唐朝著名高僧玄奘法师前往"西天"的取经之路。1300多年前，玄奘一人一马从西安出发到天竺那烂陀寺，一来一往25 000公里，17年的光阴就走在一条取经之路上,并留下著名的"宁可就西而死,岂能东归而生"的绝句。我们所走的正是当年玄奘打破水袋五天四夜滴水未进的最艰难的那段"八百里流沙",在这里九死一生的玄奘也迷茫过、纠结过,但最终得以人生转折,实现普度众生的使命。

玄奘,就是我心中的超级单兵。

阿里盒马团队创业 5 年,舍命狂奔开了 200 多家店,并励志要打造服务本地生活的超级平台。这次来的都是职能部门总监或区域总经理级的中坚力量,每个人都是在行业打拼多年的优秀老将,每个人却都告诉我,在盒马创业很艰辛。

这一路,我们走过艰难的盐碱地,趟过扎人的骆驼刺;这一路,我们忍受着让人晒脱皮的大太阳,面对过前不见五指的沙尘暴;这一路,我们脚上起了无数泡,也有过放弃的念头,但最终都突破了自己,完成了最初看似无法完成的挑战。

阿里盒马团队的每一个人,都是我心中的超级单兵。

茫茫戈壁,像极了人生的苦难之路,像极了创业的艰险之路。

穿越戈壁,不仅穿越了时间,感受到千年之前玄奘那坚定的使命感,还能穿越自己的内心,感受最真实的自己,更是穿越天地,感受众生的可爱。这,就是超级单兵的修炼之路。

01 见自己，回归内在

顶着烈日，独自行走，从现世中抽离自己，仿佛穿越回到最真实的自己。

小时候，我上的是董存瑞部队旗下的少年军校。

每天清晨6点，我们都要在上文化课之前军训一个小时。那时候，枪是稀缺资源，只有那些站好军姿、服从命令的小标兵才能有机会扛起真枪参加阅兵仪式。所以，小朋友心目中的英雄就是能拿真冲锋枪的小标兵。

我，就是那个别人眼中的小标兵。

我的前半生一路都是那个乖巧的"别人家的孩子"，30岁前按世俗标准完成了所谓的人生作业。从边疆小县城披荆斩棘到世界名校，从一个名不见经传的小助理到国家领导人的外事翻译和外企高管，貌似我活成了别人羡慕的样子。

直到2014年，我走到了自己的人生至暗时期。婚姻的变故、事业的低谷、背负的债务，我都不知道如何用力挣脱这一切。那个时期，我边工作边上清华MBA，边照顾年幼的孩子，边带身患癌症的老人治疗。多重压力下身体也吃不消，每到午夜就犯剧烈的偏头痛，整夜整夜无法入睡，备受折磨。

那时的我，无论外界给了怎样的标签，却没有了自信，也感受不到幸福。

正是这个时期，我在西点军校和哈佛大学游学的过程中，终于寻找到了自己的人生使命，也就是"赋能他人、赋能企业"，确定了自己的愿景，即"成为组织管理与领导力领域对企业有价值的实战型专家，植根中国、面向全球，传播中国企业管理思想"。

这，也就是超级单兵成长罗盘的"内核层"，使命、愿景、价值观。

行走戈壁途中曾有学员问："我不太理解为什么你不做国家领导人翻译那样光鲜的职业，而选择了现在的活法，你不后悔吗？"

我不仅不后悔，而且还无比笃定。犹如当年玄奘确定了自己人生使命后，不管多少岁月、多少险阻都无法改变他的初心一样，当自己内在的使命越来越清晰时，你并不会为了成为别人眼中的英雄而讨好世界。

职业只是一种承载形式，活成自己想成为的那个真实的自己，你就首先成为自己的英雄。

02 见天地，拥抱环境

"八百里流沙，古曰沙河，上无飞鸟，下无走兽，复无水草。"

可见，走在天地间，我们所处的环境是极其恶劣的。

我与盒马团队行走的第二天，是最难走的路段，还是近40公里的最长路程，雪上加霜的是我们还遭遇了罕见的恶劣天气，时而酷热难耐，时而暴雨风沙，这段路让我们真正体会到了什么叫作"绝望"。

途中，我们遇到过没有预想的沼泽地，只能原路返回重新调整路线。好不容易绕过沼泽地，却又陷进充满骆驼刺的艰险路段和极其难走的盐碱地。走着走着，有人迷了路，有人脚起了泡，有人对讲机没电了，也有人喝完了水却找不到补水站。

变化、危机、问题……让我们恐惧、焦虑、痛苦，甚至绝望，但我们必须拥抱环境，拥抱变化，探索不确定的前路，改变我们的策略，加快我们的步伐。

这，就是玄奘之路，经历九九八十一难的艰险之路。

2020年，世界不易，每个人都不易。我们不仅共同面对疫情，更要面对后疫情时代的种种挑战和问题。但我们必须学会接纳和拥抱环境的巨大变化，这一次的疫情过去，还会有下一个、再下一个问题等着我们面对和解决。这，本就是自然法则，也是我们的人生常态。

那一天，是最难的一天，但那一天恰恰激发出人的无限潜能。我们不仅全部完赛，而且成绩还异常的好。大家相拥在终点，竖着大拇指，激动得热泪盈眶。

只有经历磨难，不断突破自己，才能蜕变成为真正的超级单兵。

03 见众生，相信利他

茫茫戈壁上，确定了终点站，我们有无数不同的路径可以抵达那里。

这时，我们需要定战略。到底定什么样的目标，用什么样的策略？你到底是为了"赢"而奔跑，还是为了"融"而与团队一起走？不同的目标，决定着不同的策略和路径。

我们看到练内功的重要性。平时有训练、有积累的人即使年龄比较大了，也比完全不运动的人要走得轻松很多。同时，在戈壁行走还需要学会如何正确地走路、如何使用登山杖等专业的技能，在这里你会再一次体会专业的重要性。

我们要在快执行中迅速调整。每个人的策略方法并不一样，有人说应该中途换袜子才不起泡，有人却说不要脱鞋，有人说要背满2升水才够，也有人说少带点水再补给。到底如何行走、带多少资源、什么节奏，唯有自己走过才知道什么是适合自己的。

我们还需要好伙伴、好团队。如果你身边有能够鼓励你、激发你且专业的好伙伴，你绝对能够走出更好成绩；

如果你所在的团队有优秀的领导者，角色分工明确，凝聚大家同心，协同一起向前，整个团队都能够取得好成绩。

一路上我们需要抗风险。带着足够的水和路餐，用好对讲机和导航仪，这些都能帮助我们降低风险，但说好的15公里补给站有可能25公里才出现，走入无人区没有手机信号，一切都说不好。

我们也需要迭代策略。每天晚上，我带着大家复盘，并基于第二天的目标调整策略。比如，我们第一天晚上开复盘会，根据不同的配速重新组队，拉出一个尖刀连，让他们探索路线和冲刺成绩，其他队员分成两个梯队，结伴而行。

我欣喜地发现超级单兵成长罗盘在茫茫戈壁中也能帮我们指明方向、找到策略、给予能量。但最终，走完戈壁，我倒是觉得，这些固然重要，却也都是术层面上的工具方法。

真正成就大家走到终点的是相信的力量，真正让人在无尽艰辛中喜悦的是利他的力量。从利他的使命出发，以利他的方式行走，最终你会遇见真善美的众生。

何休，尖刀连队长，带领能冲刺的队员一路勇敢探索，果敢决策，翻山越岭开辟了新的路径，极大地帮助团队提高了成绩。

一诚，区域总经理，这一路带着伤病陪伴了落在后面的队员小微。在他的帮助和鼓励下，小微最终坚毅地完成了对于她来说是无法逾越的挑战目标。他们的坚毅也激发了其他小伙伴在之后的路上全部坚持完赛。

游阳，因早前交通事故遗留的腰伤复发，无法继续走下去，起身都很痛，却坚持在路上呐喊助威，在终点站迎接每一个队员，并在计分表上写上"游阳，一直和大家在一起"。

云霞，组委会的一名工作人员，在沙尘暴中怕队员们迷失方向，不顾自己处在生理期，竟然主动扛着红旗在风沙中走了38公里。在她的指引下，全队没有一个人掉队，全体安全地抵达终点。但，恐怕没有人记得住她叫什么名字。

超级单兵，是像何休那样往前冲的尖刀连队员，也是一诚那样陪伴、游阳那样支持的同行者，更是云霞那样利他奉献和服务的无名英雄。

见自己、见天地、见众生，重走玄奘之路，我终于明白，不管人生也好，创业也罢，因为相信，所以看见；因为利他，世界才美好。

很多人问，为什么要走玄奘之路？为什么开车一个小时的路非要虐自己走30个小时？正如我小时候也曾不解，为什么孙悟空一个筋斗云就能到，还要经历九九八十一难去行走？

走完玄奘之路，我终于明白，所谓"取经"，不过是自我修炼的过程，只有磨砺身体、修炼心性、体悟人生，才能取得"真经"。所谓"真经",都是在你的一步一个脚印中,在你一路点点滴滴的经历中。

回到本书最初的主题,我们如何炼成超级单兵?最初,我的发心是希望给大家成长罗盘,让你少走弯路,快速成长。但最终,如同玄奘取经,不管是谁,都需要一步步行走,需要一点点体悟,才能真正拥有属于自己的人生罗盘。

明天,你我都还要重新上路,加油,超级单兵们!

2020 年 9 月 18 日
在戈壁的银河星空下

图书在版编目（CIP）数据

超级单兵 / 朱小兰著. -- 北京：北京联合出版公司，2021.5
ISBN 978-7-5596-4951-5

Ⅰ.①超… Ⅱ.①朱… Ⅲ.①组织管理学—研究 Ⅳ.①C936

中国版本图书馆CIP数据核字（2021）第015178号

Copyright © 2021 by Beijing United Publishing Co., Ltd.
All rights reserved.
本作品版权由北京联合出版有限责任公司所有

超级单兵

作　　者：朱小兰
出品人：赵红仕
选题策划：布克加BOOK+
策划编辑：叶　赟　余燕龙　李俊佩　王留全
责任编辑：云　逸
封面设计：王喜华
内文排版：薛丹阳

北京联合出版公司出版
（北京市西城区德外大街83号楼9层　100088）
北京联合天畅文化传播公司发行
唐山富达印务有限公司印刷　新华书店经销
字数168千字　880毫米×1230毫米　1/32　10.5印张
2021年5月第1版　2021年5月第1次印刷
ISBN 978-7-5596-4951-5
定价：68.00元

版权所有，侵权必究
未经许可，不得以任何方式复制或抄袭本书部分或全部内容
本书若有质量问题，请与本公司图书销售中心联系调换。电话：（010）64258472-800